I0547896

Gagner ses pénates

Les recherches immobilières d'Hélène

Hélène Ferrari

Droits d'auteur – 2016 ©Hélène Ferrari

Tous droits réservés

« Le Code de la propriété intellectuelle n'autorise que les copies ou reproductions strictement réservées à l'usage privé du copiste et non destinées à une utilisation collective (article L.122-5) ; il autorise également les courtes citations effectuées dans un but d'exemple ou d'illustration. En revanche, toute représentation ou reproduction intégrale ou partielle faite sns le consentement de l'auteur ou des ayants droit ou ayants cause est illicite (article L.122-4 du Code de la propriété intellectuelle). Cette représentation ou reproduction, par quelque procédé que ce soit, constituerait une contrefaçon sanctionnée par les articles L.335-2 et suivants du Code de la propriété intellectuelle. »

Couverture – 2016©Hélène Ferrari
d'après une illustration originale de Charlotte du Jour

ISBN : 978-2-9556411-0-1

Avant propos

Pourquoi un recueil de nouvelles immobilières ? Parce qu'il y a une forte corrélation entre le toit et le moi, je veux dire que la maison est le reflet de l'âme. On y « demeure », on y tisse nos liens, on y affirme nos valeurs. Aussi et avant tout, la maison, c'est l'origine, le référentiel, la racine, le rapport à la terre, donc le rapport au monde. Moi qui suis écologue sur les bords, j'aime bien l'être aussi pour l'intérieur. Il faut cultiver son jardin, dit le philosophe.

Cultiver, c'est développer. On oublie souvent que celui qui cultive sème d'abord, met en valeur ensuite. Un peu comme un entrepreneur, en fait. Entreprendre est une aventure. La mienne est de mettre en rapport ceux qui entreprennent une quête d'origine et ceux qui transmettent le fruit d'un moment de vie. Je favorise les échanges porteurs de sens.

Mettre en relation les changeurs d'univers et les chercheurs de trésor, c'est un beau métier. Passeur de rêves et de réalités, en somme. Le rêve, c'est le monde des possibles. C'est aussi celui du monde sensible. La réalité, c'est celle du terrain. J'y suis à l'aise, car voyez-vous, je ne suis pas gestionnaire de stock, je suis fauconnier. J'envoie mes yeux dans le ciel pour me dire la beauté du monde. En fait, mon métier est d'avoir les pieds sur terre et l'âme aérienne, l'intelligence aussi bien dans la tête que dans les tripes, parce que pour chercher une demeure, il faut commencer par trouver sa singularité. Le trésor n'existe que par l'éclat qu'on ressent. J'avais envie de l'écrire.

Le pigeonnier

On l'appellera Olivier. C'est un personnage français médiatique. Ce touche à tout talentueux a plusieurs cordes à son arc mais nous dirons qu'il est écrivain. S'il vient me voir ce matin, c'est justement qu'il cherche un refuge pour écrire au calme, un lieu à l'écart du tumulte, un temple de la création. Il ne sait pas exactement ce qu'il veut et c'est sa difficulté. Ce qui ne se pense pas s'énonce malaisément. Il se figurait qu'en s'adressant à des professionnels, il serait coaché. Que nenni ! Voilà qu'il s'emballe et je ne pouvais pas m'imaginer, toutes choses égales, monsieur Olivier aussi incisif. Chat échaudé craint l'eau froide, il n'aime pas les agents immobiliers. Un ami qui lui veut du bien a conduit ses pas dans mon bureau, c'est l'ultime effort assure-t-il, parce qu'il fatigue de se faire trimbaler. Je lui enjoins de ne plus bouger, je lui apporte un café. Je devrais plutôt lui faire un décaféiné ? « Ok, je coopère », ironise-t-il. C'est bon, il a gagné la capsule tonique.

Le lieu n'a pas grande importance, si ce n'est qu'il doit être le plus sauvage possible, mais quand même à cinq minutes des commodités. Il n'aime pas conduire. Au volant, j'ai personnellement une impression de liberté, ça n'a rien d'original. Mais pour lui, c'est le comble de l'ennui et presque du tourment. Il voit que je compatis, alors il poursuit avec un sourire discret et des mots susurrés. Non, il lui faut plutôt une gare TGV avec accès direct à Paris, pour rejoindre son pied-à-terre de la capitale, business oblige. Sans cela, cela ferait longtemps qu'il se serait établi dans quelque sanctuaire… Le trajet direct est important. « Parce que voyez-vous, sinon, je me plante ».

En pince-sans-rire professionnel, il explique qu'il n'y coupe pas : à chaque changement, il loupe la correspondance. Le bruit l'agresse, les bavardages l'insupportent et la promiscuité l'étouffe. Alors il s'isole comme il peut, par protection, avec un casque sur les oreilles et une bonne lecture sous les yeux. Et son cerveau voyage, pense, médite, rêve ou s'endort, si bien que quand il sort de sa torpeur, c'est l'alerte rouge. D'ailleurs, précise-t-il à l'occasion, « je ne sais pas attendre. Dommage pour vous, je préfère vous prévenir ». On a déjà gagné du temps... Il ajoute brusquement que tout ça devait rester entre nous, il veut dire que je ne le connaissais pas, que je ne l'avais jamais vu et que ses tribulations immobilières devaient rester confidentielles. Je le rassure, c'est une exigence coutumière. Et puisque nous sommes dans le secret, je lui demande le quartier de sa garçonnière, en précisant sur le champ qu'il s'agit d'une interrogation strictement professionnelle pour déterminer la gare parisienne à privilégier.

Je lui brosse ce qui l'attend, comment je procède, nos rôles respectifs. Ça lui plaît. Il est justement venu ici pour en faire le minimum. Répondre à une interview et exprimer un sentiment, c'est tout à fait dans ses cordes, dans son genre il me dit être un peu entraîné. Ça tombe bien, il n'aura que cela à faire. A propos, je lui suggère de me dépeindre ses pénates. Apparemment c'est le foutoir. Il espérait une âme sœur souveraine mais l'espoir est déçu. Les papiers, les livres et les tableaux, voilà les constantes. Une bonne dose de lumière et du champ libre à la fenêtre pour s'ouvrir au monde. Saupoudré d'un peu de cosy pour le confort et l'équation est résolue. Un zeste d'authenticité est toujours apprécié. Le style ? Il rit, il trouve son style plutôt pas mal... Bien sûr, moi aussi, mais Olivier serait plutôt François Mansart ou Philippe Starck ? Il est en apnée : les deux souffle-t-il. « Enfin, XVIIe oui mais pas Mansart, en fait ». On discute, il a l'esprit large mais il faudra éviter le baroque, le trop bourgeois et le prétentieux. C'est l'environnement qui prime. On parle peinture. Après m'avoir demandé si j'étais de la police, il fini par exposer ses goûts. Là aussi, de l'éclectisme, mais surtout des couleurs, de la lumière, de l'abstraction, des sensations aériennes. Je fais ma madame Irma pour défricher des pistes : je veux dire en substance « pour vous je vois la campagne avec du dégagement, de la forêt au fond, un peu isolée pas trop loin d'un bourg ; un peu de relief, pas trop, ça serait trop rugueux, et la mer ne vous attire pas ». Il est content.

Séquence scientifique. Je me plonge dans mes cartes anamorphosées. Comment ça vous ne comprenez pas ? C'est pourtant simple. L'anamorphose est une déformation de l'espace à partir d'un modèle mathématique d'interpolation vectorielle en fonction de données réelles. Pour les littéraires, on va dire que je détiens des cartes déformées en fonction des temps de parcours, en train par exemple. Comme je suis sympa avec Olivier, j'augmente un peu la dose de soleil et je trace une ligne Rennes-Belfort. Il m'a surtout parlé de lumière, c'est vrai, j'extrapole un peu. On ne s'affole pas, la démarche est réversible. Pour le temps de transport, je le paramètre à plus ou moins deux heures, ce que je pense être un bon compromis pour un homme pressé. La vie d'Olivier offre toutefois de la souplesse sur cet aspect. Pourquoi pas une seule heure, me diriez-vous ? Parce qu'à l'évocation de Compiègne, Rambouillet et Orléans, Olivier se sent banlieusard. Ce qu'il veut c'est le bocage normand sans la pluie.   Et puis, pour tout vous dire, on a parlé chiffres aussi. C'est que pendant la séquence scientifique, on ne parle pas seulement en heures et kilomètres ; on parle surtout avec les Keur, comprendre Kiloeuros. Plus hauts les Keur, tu Meur. La brique est dépassée, même dans l'immobilier. Or, Olivier a la propriété extensive. La semaine, c'est le temps de l'espace intemporel, le week-end, celui des amis, beaucoup d'amis. On rapporte les mètres carrés et les hectares aux Keur, on écarte la pampa monotone et je trace trois patates en première analyse, les hypothèses de travail seront amendées au besoin : Tours-Angers, un ensemble de spots entre Poitiers et Angoulême et Montbard-Lyon. Les deux premières options sont reliées à la gare Montparnasse, la dernière à la gare de Lyon. « Banco pour l'Ouest », réagit Olivier, de surcroît « le climat est plus tempéré ». Je promets un premier échantillonnage rapide. Il n'aime pas attendre.

Les mêmes, un petit bout de temps plus tard. Olivier est assis dans le même fauteuil avec la même posture, la jambe gauche sur l'autre, les coudes en surplomb des accoudoirs et les mains croisées sur le ventre. On ne peut pas dire que c'est l'ouverture totale sur le monde. Le menton est plutôt rentré, le regard est bas. Le pied en hauteur esquisse quelques battements frénétiques. On dirait que je vais lui annoncer les résultats de ses analyses de sang. Fermez les yeux... expirez profondément, ouvrez les yeux, toc ! Le diaporama est lancé. Val de Loire, un manoir XVIIIe atypique, lignes épurées, grandes ouvertures sur le parc, des vallons à l'horizon... Il pose ses jambes à terre, se redresse et lance « c'est pas mal du tout ça ! ». Je propose de poursuivre, à chaud, on analysera ensuite... Val de l'Indre, une maison d'architecte, l'environnement est similaire à celui du manoir. « C'est vrai qu'il y a tout, sauf l'âme... ». Ce n'est pas moi qui le dis, c'est lui. Je m'y attendais mais il fallait qu'il éprouve la sensation par lui-même. Vallée de l'Echelle – Charente –, un hameau rural qui pourrait dater du XVIIIe siècle vu de l'extérieur. En fait, chaque siècle lui a apporté des éléments de confort, les éléments les plus anciens, visibles à l'intérieur étant moyenâgeux. Brut mais harmonieux, simple mais confortable, il présente aussi l'avantage d'être gai avec ses moellons à la chaux et ses tuiles orangées qui sentent déjà le Sud. Olivier reste silencieux mais sa bouche est entrouverte. Elle l'est encore un peu davantage quand, sur le panoramique, une petite brume nimbe les vallons boisés. La séquence est quasi terminée. Je romps le silence pour ajouter que les bâtiments périphériques peuvent héberger ponctuellement les hôtes de passage en autonomie, avec des charges annuelles par ailleurs réduites. Et puis, il y a le pigeonnier, tour d'ivoire par excellence, qui célèbre la nature.

« On peut visiter ? ».

A l'ombre du Père

C'est avec une attention bienveillante que j'écoute Dominique et Sylvie m'expliquer précipitamment les termes de ma mission avant même d'entamer cette salade de tomates. Ils comptent parmi les meilleurs amis d'un couple de mes clients. Les tomates brillantes d'huile d'olive et les fines herbes odorantes du potager attendront. Car Dominique est tout juste à la retraite et il n'entend pas geler ses rêves et ses projets à 62 ans. Bien au contraire. Il se passe la main dans sa coiffure impeccable pour chercher ses mots. Toujours bien mis, sa chevalière aux belles armoiries reflète le soleil de Provence. Mes clients bordelais me l'avaient préalablement décrit : il a effectivement fière allure. Il prend un soin particulier à choisir ses mots. Il doit les choisir comme ses objets d'art et de brocante, pour leur symbolique et leur esthétique. Amoureux d'histoire et de patrimoine, c'est un collectionneur. Il aime les beaux objets et prend un soin particulier à les mettre en valeur. Pourtant, il ne vit pas uniquement dans le souvenir et les vitrines. Figurez-vous qu'il est aussi Maitre d'Aïkido. Sylvie, pleine d'attention pour son noble compagnon, ajoute qu'il est aussi bricoleur averti. J'aimerai en savoir plus. Ils disent aimer vivre dans un certain raffinement. C'est une explication à laquelle je ne m'attendais pas. A dire vrai, je ne m'attendais à rien. J'écoute, je ressens et je mets des couleurs sur ma palette virtuelle. Ça tombe bien, je me noie dans le regard de Sylvie, bleu électrique. On y voit les flots déchainés de la mer… L'eau n'est pas très loin. On ne sent pas l'iode ici mais le vent est là, comme si la côte serpentait derrière le platane de la placette. Sylvie était championne de catamaran dans sa jeunesse. Alors l'eau n'est jamais très loin. L'eau, le vent et la houle... Attention à ne pas lui marcher sur les pieds.

Le couple vit l'été sous le soleil de Provence. Nous allons visiter leur résidence estivale après la tarte aux figues. Le mas est en réalité une maison récente. Je pourrai être déçue mais je ne le suis pas... il y a cette vue ! La terrasse donne en surplomb sur le lac de Sainte Croix. La vue est magnifique. L'eau est assortie aux yeux de Sylvie. Elle est calme. Les voiliers voguent au loin, derrière l'avant-scène des pédalos. En fond de tableau, les roches abruptes des gorges du Verdon. Le spectacle est reposant et époustouflant à la fois ; on ne se lasse pas de l'admirer. Je suis maintenant encore plus curieuse de visiter leur appartement parisien, dans lequel ils se réfugient les hivers.

Je les questionne à ce sujet pour comprendre leurs attentes. Chacun se livre avec son emphase et ses non-dits. Dominique et Sylvie disent rechercher une « maison de charme », pourquoi pas en Bretagne mais rien n'est arrêté. Il faudra néanmoins vendre leur « bastide de Provence » avant d'envisager le futur achat. Ils sont attachants. Ils sont pleins de contrastes et de paradoxes avec lesquels je vais devoir composer. Une idée fuse, balayée dans la minute par la suivante. Faire la synthèse de leurs attentes et les rendre compatibles avec la réalité du marché n'est pas aisé. Ils comprennent, corrigent, mais la visibilité n'est pas bonne. Il faut écouter leurs rêves et les comprendre, sans mot dire. De toute façon, ils sont aussi souples que deux lianes en tension. Les « détails » n'altèrent pas leur point de vue : des postes de cadres dirigeants, pas d'enfant... Je fais diversion et on reprend leur histoire. Je veux comprendre d'où ils viennent pour imaginer où ils vont.

Depuis de longues années, Dominique et Sylvie résident l'été en Provence. Ils aiment lézarder au soleil, siroter un petit vin rosé sous les platanes d'un charmant village dont la fontaine chante délicieusement. « Depuis si longtemps qu'ils viennent au village, ils sont presque des nôtres » me confiait d'ailleurs l'aubergiste en apportant la tapenade. Dominique, en bricoleur-esthète et Sylvie, en remarquable maîtresse de maison, ont réussi à faire de leur maison d'architecte des années 90, un agréable mas, élégant et chaleureux.

Canapés moelleux devant la cheminée, table bistrot sous les fraiches arcades d'un patio lumineux, transats sur la terrasse, les superlatifs se complètent harmonieusement. Toute blanche et fleurie à profusion, avec sa piscine qui domine lac et maquis, leur maison, extrêmement confortable, est un vrai must au pays de Pagnol. Imaginez ma surprise quand ils me demandent de leur trouver une maison… en Bretagne. Adieu chaleur, tomates et olives du jardin, adieu aïoli et romarin, tuiles romanes et lauriers roses. Bonjour le granit et les embruns… et crêpes, cidre, crustacés, hortensias : n'allez pas croire que je n'aime pas la Bretagne, j'y ai passé mes étés de jeunesse. Je l'aime et la fréquente toujours.

Il fallait que j'y vois clair. Je lance quelques hameçons. Et ça mord : l'entretien de la maison est lourd… les touristes trop bruyants, leur marmaille remuante… les camping-cars lambinent tout l'été sur la petite route qui sinue vers le lac… Voilà que je les ai presque énervés. Mais ça ne me suffit pas. Pourquoi la Bretagne ? Que cache-t-elle ? Dominique et Sylvie ont un grand besoin de respirer l'air pur. Quitter la chaleur écrasante de la Provence, fuir le mistral qui soule et balaie tout sur son passage. Une évolution majeure est perceptible : la notion de plaisir a fait place au besoin de sécurité. Et lézarder devient futile. A Paris, ils observent les moineaux sur leur balcon. Leurs amis de province ont la bonne idée de placer des boules de graisse sur les branches d'arbres. Observer tranquillement les oiseaux dans son petit jardin est apaisant. Et le bruit leur est devenu insupportable. Le besoin de silence (intérieur ?) apparait vital. Leur souhait est maintenant d'exister simplement, de se rapprocher de gens profonds, sans jugements de valeur, ou presque, de cesser de hisser les voiles mais plutôt de s'ancrer.

L'idée de la Bretagne vient plutôt d'elle. Le lac de Sainte Croix est endormi. L'étendu d'eau ne figure plus le miroir de la jeunesse. Un bateau électrique a certes détrôné son ancien catamaran, mais les gentilles vaguelettes manquent un peu d'iode, d'un peu de vie. Au bilan, je pense avoir compris que Dominique et Sylvie veulent désormais résider dans un lieu qui donne sens. Un lieu qui les inscrit dans le temps, dans l'histoire, dans la vie qu'ils n'ont malheureusement pu donner.

Je lance des hypothèses et leurs réponses confirment ce que je pressentais. En réalité, ni la situation géographique, ni le nombre de mètres-carré, ni aucune disposition matérielle, importent. Ce qui importe est de répondre à une attente profonde, une attente peut-être un peu mystique... Un terme m'a semblé approprié : « logis ». Je devais trouver un lieu calme et sécurisant où Dominique pourrait agir et vivre en toute quiétude avec sa belle. Un lieu d'où Sylvie pourrait contempler ses souvenirs impétueux. Un lieu protégé d'où ils inscriront leur passage sur terre, un lieu où ils ne seront plus des cadres sup. en retraite, mais eux-mêmes. Et ils y seront appréciés pour eux-mêmes, au fond.

Quelques propositions et rapports de visites plus tard, je sens que le choc lié au déracinement sera vraiment rude : propriétés trop austères, trop pavillonnaires, trop au nord... de la Bretagne du nord... rapport qualité/prix trop faible au sud de la Bretagne du sud, etc. En fait, ils ne sont pas vraiment prêts à abandonner le soleil. Il y a un minimum syndical en termes de chaleur et de couleurs. Je propose une alternative originale : le nord du sud-ouest. Je leur suggère ainsi la Charente. Le climat atlantique y est doux et ensoleillé, le ciel bleu et l'humidité bien moindre. Les étés sont secs et chauds mais sans excès. Peu de vent, peu de touristes dès qu'on quitte la côte. Des églises romanes et des logis comme il faut. La mer ondule à plus ou moins une heure de route, c'est vrai, mais je crois que je suis en cible et je leur explique. Ils accrochent. La proximité du TGV vers Paris en deux bonnes heures, les avantages du climat et la beauté du bâti sont des arguments qui leur parlent. Je sors mon ordinateur de sa veille et montre mes photos. Le combat de la tuile canal contre l'ardoise est inégal, immédiat, sans appel, il ne fallait pas être grand clerc pour s'en douter. Au fil des échanges, nous nous intéressons au chemin Boisné. C'est une voie romaine au Sud de Cognac qui relie Saintes à Périgueux. Cette médiane historique tombe à pic dans notre composition. Son tracé figure sur la Table de Peutinger. Les « bastides » locales changent de lettres, on les nomme logis ou châteaux, mais l'esprit de la terre et de l'Histoire est là. Cerise sur le gâteau, ou plutôt raisin sur le pineau, les prix avantageux permettent de réaliser une belle opération.

Me voilà repartie en chasse sur le terrain. Il me faut aller au renseignement, recueillir les témoignages, apprécier in situ l'environnement, rencontrer les propriétaires, visiter, s'imbiber des lieux et ressentir l'âme des demeures. Je vois des biens de caractère et des lieux magiques, qui présentent cependant toujours une faille au moins : zone ventée, servitudes trop lourdes, environnement avec nuisances, travaux inquiétants… Beaucoup de destins tragiques aussi, j'entends des maisons malheureusement mal restaurées, dénaturées, dont les mutilations feraient violence à un Dominique esthète et à une Sylvie en quête d'authenticité. J'avoue qu'il m'arrive d'être découragée…

Une reconnaissance dans un vallon inconnu, me fait faire une rencontre inattendue : je fais face à un beau logis médiéval, certes un peu austère mais ô combien intriguant avec ses fenêtres à meneau et ses portes romanes. Du caractère, un environnement préservé, une taille raisonnable, un petit parc clos en surplomb du bourg avec une belle vue. Il est inhabité et des travaux s'imposent d'urgence. Il retient mon attention, et rapidement celles de Dominique et Sylvie pendant plusieurs semaines. Ils suivent mes investigations et les rebondissements afférents comme des addicts d'une série télévisée. Ils souhaitent le visiter en dépit des inconvénients que j'annonce. En cœur de village, une tour carrée du XIe siècle permet l'accès à l'entrée vers l'escalier de pierre à vis distribuant les étages. En empruntant un charmant couloir, on arrive de l'autre côté de la bâtisse vers la grande pièce de vie couverte de « cœur de demoiselles », un sol gréseux et graveleux en galets roulés, puis vers une terrasse encaissée comme un petit patio, protégée d'un charmant balcon en bois ouvragé. Malheureusement, la pièce principale manque de lumière, comme dans la plupart des demeures moyenâgeuses. Il n'est pas question de saccager des murs d'époque de deux mètres d'épaisseur. Le jardin en terrasse est peu exploitable, il impose un entretien difficile et presque peu de bénéfices en retour. Quant au bâti, il donne en partie sur rue. Une petite rue peu fréquentée, certes, mais les voilages s'imposent aux fenêtres. Le plus décevant cependant est de constater que les vendeurs laissent leur trésor à l'abandon… le toit est en effet sérieusement dégradé et l'eau imprègne poutres et murs à l'intérieur du logis médiéval. Le sentiment d'abandon est insupportable pour Dominique et Sylvie, au rendez-vous de l'Histoire et de leur histoire.

Ils ne le savent pas encore mais un notaire m'a déjà indiqué une propriété à vendre sensiblement du même type. Il n'a pas le descriptif mais m'envoie sur place. Je ressens une grande joie à la découverte d'un très joli bâtiment à peine visible de la rue, sur la place de l'église d'un charmant village. Nous sommes à quinze minutes du bourg précédent. Je déduis peu de chose de mon tour de reconnaissance : Il s'agit manifestement d'un prieuré roman. Je vois des fenêtres à meneau magnifiques et quelques meurtrières. La taille semble idéale, le jardin clos et calme, le bâtiment authentique et en bon état. Le reste est invisible pour les yeux, mais comme dit le Petit Prince, il est visible pour le cœur. La chasse aux propriétaires est intense et fébrile. Elle s'articule sur plusieurs semaines. Messages téléphoniques, déplacements sur place et courriers dans la boite aux lettres, renseignements pris à la mairie… enfin les propriétaires me contactent par téléphone. L'accueil est poli mais un peu frileux. Ce n'est qu'après ma première visite sur place, longue et productive, que la confiance est établie durablement. Mes hôtes sont absolument charmants et amoureux de leur beau patrimoine. Je sens que je tiens le logis idéal…

Le logis prieural date du XIIe siècle, mais les données historiques se font rares avant le XVe siècle. On sait qu'en 1407, des moines s'établirent dans ce monastère, à l'époque trois fois plus vaste. Le bâtiment d'habitation qui subsiste s'avère fort agréable et, contre toute attente, très adapté aux besoins de notre époque. C'est un vaste logis, remanié à la Renaissance, agrémenté de grandes fenêtres à meneaux au Sud et de larges porches au Nord, transformés aujourd'hui en baies avec vue sur le jardin et sur l'église. Ses pierres dorées par le soleil illuminent le logis par effet miroir. Les pièces traversantes ainsi que les hautes fenêtres apportent beaucoup de lumière malgré les murs épais, cette lumière ambrée caractéristique de la région. Même si la tour ronde d'escalier n'existe plus, le bâtiment, élevée au XIIe siècle en pierres calcaires extraites des carrières toutes proches, a fière allure avec sa tour carrée et ses nombreuses dépendances attenantes. Enfin la restauration intérieure accomplie dans le respect des beaux éléments d'origine met en valeur ce vaste prieuré résolument actuel. Le jardin n'est pas en reste. Il tourne autour du logis pour profiter de la chaleur au Sud et de la fraicheur au Nord. Entre église et prieuré, un jardin cosy à l'anglaise, illuminé notamment par les pierres de l'église et préservé de tous par les hauts murs qui l'entoure, est un havre de paix. On y est en totale sécurité, observé de personne si ce n'est du bon Dieu.

Les mésanges picorent les boules de graisse dans le murier à l'ombre du figuier. Pas un bruit, pas un souffle, seules bruissent les pages de l'historique que Dominique dévore désormais appuyé sur sa table de jardin, comme s'il trônait. Passant sa main dans ses cheveux, le seigneur des lieux prend racine tandis que son épouse Sylvie a ancré son regard azuré dans le ciel de Charente. Ma mission est accomplie.

Cœur de corsaire

« Voilà qu'on approche du Pégou, au fond du golfe Artaban. La vigie crie. Trois bateaux anglais filent sous la brise du nord. Surcouf reconnait un brick-pilote du Gange, puis deux bâtiments du Bengale sans doute chargés de riz. Le brick envoie un coup de semonce pour nous obliger à battre pavillon. Surcouf songe aux bienfaits que ces cargaisons procureraient à l'Ile-de-France, où la disette menace… C'est maintenant l'Ile Maurice », précise le père qui continue, « …Surcouf n'a point de lettre de marque et en droit, il ne peut attaquer. Mais l'esprit corsaire l'emporte. Il n'hésite pas une seconde et fait arborer le pavillon tricolore. Il donne l'ordre à la batterie d'ouvrir le feu immédiatement. Les navires amènent leurs couleurs, ils se rendent. La nuit tombe déjà et les pontons s'ornent des feux qui guident les marins. Vus du trois-mâts, ils tremblent un instant au sommet des vagues avant de s'éteindre dans la mer. Bonne nuit, Titouan. »

Les premières aventures du jeune Titouan se firent d'abord au bas d'un immeuble des faubourgs malouins, en expédition punitives contre les frères Keriant qu'il attaquait à coup de cailloux avant de rentrer avec les genoux ensanglantés. C'était à chaque fois un scénario similaire et son père lui expliquait que les voyous finissaient en prison. Il n'y a pas que les voyous en prison, pensait Titouan, et ceux qui méritent n'y restent pas. Jean Bart et Forbin ne s'étaient-ils pas évadés de Plymouth en 1689 ? Les ancêtres de Titouan avaient dû compter parmi la foultitude qui les avait attendus sur le quai et les remparts de la ville. La nouvelle les avait précédés grâce à un pêcheur qui les avait croisés dans leur canot au nord du cap Fréhel. Les deux corsaires avaient abordé Erquy après cinquante heures de rames, et avaient continué à pied via Dinard. Ce fut un retour triomphal.

Aujourd'hui Titouan vit à Paris. Programmeur informatique inventif, il a, en travailleur infatigable, suivi des cours du soir pour monter sa start-up en jeux vidéo. Belle histoire à l'américaine, son entreprise s'est faite rachetée par un puissant groupe, il a multiplié les projets, les investissements, les succès, les conquêtes. C'est un homme pressé qui m'appelle : « Je voudrai acquérir une belle maison en Bretagne. Etes-vous capable de me trouver ça ? », me lance-t-il sans détour à travers les ondes. Quelques échanges sur ses attentes, je lui explique ma méthode et nous nous rencontrons à son bureau près de Montparnasse, le quartier historique des bretons. Les murs sont constellés de vieux papiers, de gravures et autres images du genre d'Epinal mais de Saint-Malo. Je m'approche d'un vieux papier sous-verre, que je parcours : « Sur le *Grenedan*, il témoigne déjà d'une belle assurance. La frégate corsaire, portant vingt-huit canons et deux cents hommes d'équipage, a déjà amariné *le Guillaume*, une flûte anglaise chargée de sucre, d'indigo, de coton et de cuivre, une quaiche anglaise, *la Providence*, mâtée en fourche comme un yacht, et un trois-mâts hollandais, *le Saint-Jacques*, de vingt-six canons, avec lequel il a fallu jouer du sabre. »
« C'est une édition originale de 1773 », lance-t-il en surgissant de je ne sais où, « Duguay-Trouin, cent ans après sa naissance... », poursuit-il avant de m'inviter à m'asseoir et de me décrire son projet. Il n'est pas difficile de comprendre qu'il souhaite acquérir une maison de caractère et d'histoire pour les vacances, à proximité de Saint-Malo. Je n'ai pas le temps de poursuivre que nous explorons déjà le Canada avec Jacques Cartier. Puis, les corsaires harcèlent les marines marchandes et militaires ennemies. Ces messieurs de Saint-Malo **reviennent des Indes chargés de marchandises aux doux parfums d'orient, de soieries, de tabac, de porcelaine et d'épices** et sillonnent les mers du globe, de Terre Neuve à Pondichéry, de la Chine aux Amériques. Quand j'arrive à placer un mot, je lance promptement « Une malouinière ? ». Il marque un long temps de silence en regardant dans le vide puis me fixe en soupirant : « il n'y en a pas ! ».

Retour émouvant dans ma propre histoire, lorsque je fréquentais enfant puis adolescente, les demeures locales pendant les vacances. Souvenirs associés aux régals de crêpes qui suivaient. Les malouinières furent à la mode entre 1650 et 1730. Saint-Malo congestionné, elles s'implantèrent dans l'arrière-pays, sur toute la presqu'île jusqu'à Cancale, autrement dit le « Clos-Poulet », déformation de Pou Alet, « le pays d'Alet », l'ancienne cité gallo-romaine de l'actuelle Saint-Servant. L'implantation était stratégique, les armateurs et les corsaires se gardant ainsi des incursions anglaises, grâce à la protection de la ville fortifiée, et des percepteurs royaux, en s'éloignant de leurs fréquentations. Des bateaux revenus d'Orient étaient en effet discrètement détournés vers quelques criques retirées pour débarquer, la nuit venue, leur précieuse cargaison. La malouinière est d'esprit presque militaire. Elle porte d'ailleurs souvent la marque des ingénieurs du Roi tel Garangeau, élève de Vauban. Son architecture est austère et symétrique. Le corps central, le plus souvent en granit de l'île de Chausey, est enduit de crépi. On remarque de loin les toits et les cheminées effilés. Si jusqu'au XVIIème siècle, les ouvertures sont disposées au gré des besoins, elles deviennent symétriques et alignées au XVIIIème siècle. Pour autant, la malouinière n'est pas exempte de raffinement. Ses boiseries sculptées, ses jardins à la Française témoignent du faste passé de la cité corsaire.

Ils étaient déjà nombreux les riches bourgeois de l'époque, à vouloir s'installer au calme mais en définitive, il y eut peu d'élus. On ne recense aujourd'hui que 112 malouinières. Dès lors, c'est un marché de niche, on dirait presque un marché de famille et les occasions sont rares et éphémères. La difficulté consiste à approcher les propriétaires pour bien choisir son affût. C'est le problème de Titouan. Peut-être parce que la malouinière et son propriétaire forment un couple aux caractères mêlés. Ils en imposent tous les deux, avec leur rigueur mathématique, leur savoureux mélange d'austérité granitique et de classicisme démonstratif d'ifs en topiaire. Du caractère breton en général, un certain Stéphane écrit dans son blog : « dans cette terre lointaine, cette presqu'île accrochée au continent eurasiatique, l'environnement a forgé une culture et des caractères. Que la vie soit terrienne ou nécessite d'avoir le pied marin, elle était dure, et même carrément vache à l'occasion. Essayez de faire pousser des cultures sur une terre granitique, acide, pauvre et détrempée. » Du caractère de propriétaire de malouinière en particulier, on ne trouve rien sur l'Internet. Sans doute parce que c'est toujours le capitaine qui garde l'initiative de battre pavillon. Mais Titouan le conquérant, Titouan l'insoumis, Titouan l'inconvenant ne peut envisager de subir le gré des flots.

Je jette l'ancre travailleuse au Clos Poulet, je tire les câbles et j'envoie les chaloupes vers les îlots connus. Des résidents ont choisi un mode de vie plus actuel et ont accepté de se séparer du domaine familial trop couteux. D'autres, travaillent courageusement à valoriser leur patrimoine. Mais tous prennent le temps de la nostalgie et leurs souvenirs sont pour moi autant de pistes à explorer.

Mon hôte d'aujourd'hui m'accueille d'une poignée de main virile. La maîtresse de maison nous attend au salon avec un thé glacé. Il fait chaud cet été en Bretagne. On me prie de m'installer confortablement dans un cabriolet brodé à la main par une illustre ancêtre. La comtesse aux mains fines et soignées retrace les destins de nos connaissances communes et des malouinières du pays. Elle explique la forme ovale du salon, inspirée du château de Champs-sur-Marne. Son architecte Bullet de Chamblain, pourrait être également le concepteur de celui-ci mais aucune certitude. Car les archives du bâtisseur sommeillent à la Cour de Suède où il a œuvré après avoir quitté celle de France. Beaucoup de malouinières sont ainsi restées orphelines de leurs plans. Le comte parle sans détour et laisse peu de place à la fantaisie. C'est avec fierté qu'il me fait la visite. Elle commence coutumièrement au grand portail d'entrée pour admirer l'harmonie très classique de la façade Nord. Celle-ci est surmontée d'un fronton triangulaire daté de 1707, dont les armoiries ont malheureusement été détruites à la révolution. La façade Sud développe un corps central en demi-cercle, également surmonté d'un tympan triangulaire orné d'allégories qui évoquent les exploits du grand navigateur de la famille. Du haut de ses seize fenêtres, on peut admirer le jardin à la française, les massifs d'hortensias et de rhododendrons. **Je détaille les boiseries à guirlandes Louis XVI, probablement rapportées d'un château voisin** lors d'une restauration, qui encadrent une cheminée en marbre de Carrare lorsque la comtesse qui nous a rejoints m'apostrophe :

- Connaissez-vous les P. ?
- Non, pas personnellement.
- Quel dommage, sans doute serait-il souhaitable que vous les rencontriez.
- Vous pensez ?
- Mais certainement. Ils souhaitent vendre leur propriété…

Annoncée par la comtesse, je suis accueillie chez les P. avec la même politesse un peu distante. Les enfants sont à la plage avec leurs petits. Ils seront de retour en fin d'après-midi, nous prenons donc le temps de visiter les lieux. Marie-Claire me guide dans le jardin d'environ 2 hectares avec une très belle vue dégagée sur la Rance… une situation rare et totalement préservée. Le jardin à la française est un peu laissé à l'abandon mais les parterres sont encore bien délimités et les buis ne semblent pas atteints par la pyrale qui fait des ravages cet été. Des communs sobres mais harmonieux sont légèrement en retrait ce qui permet de préserver la belle allure de la maison depuis l'allée. La demeure, fidèle cousine de celle de mon entremetteuse, se présente en trois corps de logis rattachés les uns aux autres. Le logis central est légèrement en saillie et les deux ailes en retrait. L'ensemble offre une belle symétrie avec frontons triangulaires sur les trois corps aux appareillages de granit. Une haie de rosiers, généreuse et magnifiquement entretenue, altère la visite protocolaire. J'apprécie beaucoup les fleurs et ce rose tendre sur ce granit dont les reflets rappellent étrangement la fleur est du plus bel effet. Nous cueillons ensemble quelques branches que nous rapportons à l'office. L'art bucolique a brisé la glace.

Avec sa situation exceptionnelle, ses 300 m2 et ses communs exploitables, la malouinière a de quoi combler Titouan. Il manque seulement le colombier dont il rêvait. Un sérieux inconvénient toutefois : de nombreux travaux sont à prévoir. J'active ma fonction calcul mental. Electricité, chauffage, assainissement, sanitaires et huisseries sont à changer. Des salles de bains sont à créer. Les papiers peints datent sérieusement et les peintures s'écaillent. Mais l'essentiel est sauf. La toiture me paraît en bon état et point très important, la maison ne semble pas humide. Nulles traces de salpêtre. Par cette chaude journée estivale, j'attribue la fraîcheur intérieure à l'épaisseur des murs. Frileuse comme je suis, même en plein été, j'aurais repéré instantanément l'humidité. La cuisine, dans son jus, reste un lieu chaleureux de par sa taille et sa grande cheminée conviviale. Elle garde en son sein les souvenirs de la tribu rassemblée, cela devrait plaire. En résumé, c'est un lieu de villégiature fort agréable mais certainement pas une résidence principale confortable.

Nous n'avons pas encore parlé finances mais j'ai évidemment une fourchette de prix en tête. Marie-Claire est seule propriétaire, c'est d'ailleurs pour cela qu'elle souhaite vendre. Elle ne peut assumer l'entretien de la maison et préfère le confort de son appartement parisien. Si besoin, elle louera l'année prochaine une grande villa pour accueillir ses petits mousses et leurs parents. Je la jauge sur ses prétentions mais elle temporise, en attendant le conseil familial. Un prix est annoncé deux jours plus tard, que je juge trop élevé compte tenu des nombreux travaux à orchestrer. Je le leur dis. Pas moyen d'obtenir gain de cause pour l'instant. Le temps fait souvent son œuvre, je me concentre sur la présentation du dossier destiné à l'impatient Titouan. En fait, il est inquiet. « Elle est belle, elle est chic, elle est classe », bref elle lui plaît. C'est vrai qu'elle correspond parfaitement à ses attentes mais il y a les travaux. Il passe un long moment à lire et relire mes estimations… je vois que dans sa tête, les chiffres défilent à toute allure pour calculer, avant même de l'avoir vu, combien il pourrait acheter cette belle malouinière.

Le rendez-vous de visite est organisé. Nous nous rendons sur place un samedi de septembre. Il fait encore doux et le soleil de cette fin d'après-midi ambre la façade ouest de son voile d'or. Les feuillages des arbres qui commencent à roussir forment des ombres sur les parterres d'ifs et l'allée parait plus grande. La visite est plutôt silencieuse, et on ne sait pas si Titouan rêve aux évocations historiques ou s'il évalue la conquête. Il m'entraine un peu à l'écart et me lance alors comme un défi : « Vous avez trouvé ma malouinière, maintenant il faut me la négocier ! »

Epilogue : La négociation sera difficile et durera le temps d'un automne. Le capitaine enverra pavillon le 24 décembre. Nedeleg Laouen ! Joyeux Noël !

Quitte ou double

Voilà comment une recherche relativement commune se transforme en série télé. Nous ne sommes pas dans la fiction mais bien dans le réel. L'aventure commence quand Agnès et Philippe me reçoivent dans leur bel appartement du quartier Gambetta. Mes hôtes sont charmants, ouverts et curieux. Dans cette pièce lumineuse où le blanc des tentures illumine le fauve du mobilier, ils me questionnent sur mes activités, ma méthode et mes affaires en cours. Le dialogue est riche et même si les sujets sont concrets, les questions sont profondes. Ils mettent rapidement mes choix professionnels en perspective. On ressent comme une sorte d'énergie et de transparence dans ce foyer, où fusent les idées en tout genre, où abondent lumières et espace. Mais les vues extérieures sont séquestrées par les immeubles voisins. A travers les grandes fenêtres, je vois quelques platanes entre les balcons et mon regard est stoppé par les toits de zinc. Il y a bien des dégagements sur l'autre façade, qui donne sur le Père Lachaise, mais d'ici, on est un peu confiné dans la ville. Je les fais parler de leur projet. Ils veulent se mettre au vert. Ils ont besoin de profondeur de champ sinon du labour des champs. Je parle des habitudes parisiennes, du shopping, des spectacles, des transports... Leurs activités professionnelles les sollicitent suffisamment, ils ont besoin d'espace et de repos, sans s'isoler complètement. Agnès souhaite rejoindre la capitale en moins de 30 minutes aux heures creuses. Elle travaille principalement de chez elle et reste libre de son emploi du temps. Philippe occupe des fonctions qui le mènent à prendre l'avion à Roissy plusieurs fois dans la semaine. « Mais pas de banlieue », me disent-ils immédiatement, « On quitte Paris pour changer d'air ». Il y a banlieue et banlieue… « On vous a appelé plutôt pour une propriété de charme au calme ! », ajoutent-ils tout sourire. C'est vrai que c'est mon cœur de métier. Ils insistent sur l'espace, pour eux et pour leurs hôtes. Ils reçoivent beaucoup le week-end. Eloigné de Paris, il leur faudra loger enfants et amis. A les écouter, je pense immédiatement à un manoir en vente que l'on m'avait décrit le mois précédent : de l'élégance, des espaces ouverts, de la poésie, des bosquets, quelques prairies, l'autoroute proche et des chambres d'hôtes. Un casting qui pourrait convenir mais il me fallait encore identifier puis visiter la demeure. Je planifie la première semaine de janvier pour effectuer reconnaissances et rapports, autant que faire se peut. En général, cette semaine au lendemain des festivités est plutôt calme. Me voilà couverte de pied en cap, à arpenter la région du Sud de l'Oise. L'accès à Paris y est aisé en transports en commun et l'aéroport Charles de Gaulle est proche. Ce croissant vert est la cible idéale. Je le connais bien et j'y ai de bonnes adresses, et en particulier un manoir à dénicher.

J'aime décidément chasser en **hiver**. C'est un jeu de dénicher derrière les arbres effeuillés les propriétés habituellement cachées par la végétation. Malheureusement, les frimas n'altèrent pas les épines des robiniers et je me pique de satisfaire ma curiosité. C'est sous le timide soleil de l'Epiphanie qu'au détour d'une allée cavalière, le manoir m'apparait entre deux grands chênes, un jour de rois. **La demeure est en forme de « L ». L'ensemble atteste le XVIIIème siècle et semble de construction très soignée. Mais le mur de clôture et le grand portail d'entrée masquent une grande partie de la façade. La situation géographique, la taille de la propriété et l'environnement sont idéals mais je ne peux en voir davantage.** Il est 16 heures et le soleil décline déjà. Je rebrousse chemin en préparant l'argumentaire que je développerai le lendemain au téléphone pour obtenir des propriétaires un rendez-vous rapide. De retour à mon bureau de Chantilly, je fais l'inventaire de tous mes repérages de la journée. Je classe mes photos et reviens inexorablement à ce fameux manoir qui m'a tapé dans l'œil. Je dois m'y rendre au plus vite. Il va falloir me montrer convaincante.

Sur le mur d'enceinte du parc, une magnifique cloche madrée reflète déjà l'esprit du lieu. Point de vidéophone, juste une jolie chainette pour m'annoncer. Le grand portail anthracite s'ouvre instantanément et une grande et belle femme brune m'invite par de petits signes depuis la cour à la rejoindre. La lente progression dans l'allée me permet de me rincer l'œil. Les bâtiments du XVIIIème siècle semblent avoir été remaniés. Un corps principal et une aile en retour, à l'origine probablement indépendants, ont été réunis par une construction du siècle dernier. Giulia m'accueille chaleureusement et me prie de la suivre à l'intérieur. Drapée dans un grand châle aux couleurs pastel, elle ne semble pas souffrir de la froidure et me laisse quelques instants admirer les façades. Je vais y revenir mais je ne peux m'empêcher d'admirer les répartitions. Le corps principal est à deux niveaux et présente six travées d'ouverture. Une plateforme moulurée court à hauteur d'appui des baies de l'étage. Je ne veux pas la faire plus attendre ; nous rentrons. La principale porte du manoir est couverte d'un arc surbaissé et décorée de deux pilastres nus grimpant jusqu'au niveau de la moulure. Le bâtiment plus récent, construit en retour d'équerre n'a pas été valorisé mais permet de protéger une cour pavée très agréable, ornée d'un tilleul bicentenaire.

Giulia m'offre un café en attendant que son mari nous rejoigne. Jean-Luc, le visage coloré de l'homme qui travaille dehors, prend place autour de la grande table de la salle-à-manger. Giulia y reçoit coutumièrement les hôtes. Il est manifeste qu'ils aiment la relation à l'autre, le partage. Ils me racontent leur business. Ils voudraient s'agrandir, plus au sud... ils ont des pistes très plaisantes. Leurs yeux brillent à l'évocation de leurs visites de prospection. Ils reviennent à leur activité de chambres d'hôtes. Nous comparons nos passions professionnelles, nos ambitions, notre notion du service. Ils me parlent encore de leurs rencontres. Ils ont besoin de ces passages incessants. Ils attendent justement deux couples dans la soirée. Comme ils disent, ils « ont » deux suites (de réservées) pour un baptême qui a lieu le lendemain à la cathédrale de Senlis. La propriété est effectivement conçue pour recevoir. Chacune des cinq chambres possède sa salle de bain et les pièces de vie foisonnent : salon, salle de billard, fumoir et salle de réception dans la grange attenante, louée pour des mariages. Les pièces sont en quasi enfilade, vastes, lumineuses en dépit de la saison et les vues bucoliques portent loin. La capacité d'accueil correspond aussi à mon cahier des charges. Je pense vraiment que ce manoir parlera à Agnès et à Philippe. J'espère leur coup de cœur.

La visite du Manoir est organisée promptement, si impatients qu'ils sont de voir grandeur nature le bijou qu'ils convoitent depuis la présentation du compte-rendu de recherche. Il faut dire que Giulia a non seulement des qualités d'accueil mais aussi des dons pour la décoration de son manoir. Tout ce qui tombe entre ses mains est ravissement pour les yeux. Mes photos ont exploité ses talents. Il n'est pas étonnant qu'Agnès et Philippe soient envoutés par le charme de cette gentilhommière. Sur place, les questions fusent à nouveau sans interruption quatre heures durant. La joie et l'émerveillement se lisent sur leurs visages à chaque porte franchie. La propriété les ravit. Ils réservent une suite pour le week-end suivant au prétexte de tester le temps de transport jusqu'à Paris. L'offre écrite d'achat arrive sur mon bureau 15 jours à peine après la première visite. Les conditions de financement sont idéales, le prix proposé est honnête, je pense que la variable d'ajustement réside principalement dans le délai de réalisation. Je suis confiante et satisfaite de la proche conclusion de cette mission rondement menée qui va ravir tout le monde.

La circulation est dense et je m'impatiente car j'ai hâte de porter la bonne nouvelle aux vendeurs. Ils m'attendent déjà devant l'entrée, je sens Giulia et Jean-Luc tendus. Changer de maison est bien entendu un moment de vie intense. Mais voilà qu'avec un réel embarras, attablés tous les deux côte à côte à la table habituellement si conviviale, ils secouent en rythme la tête. « Non, ce n'est pas possible », opposent-ils. Et ils refusent maintenant tout bonnement de vendre. Je manque de tomber de ma chaise. Inquiets de ne pas avoir de projet suffisamment avancé, ils se voient déjà à la rue. Je les rassure, il existe plusieurs façons de résoudre la question, c'est une problématique récurrente et puis les acheteurs sont souples sur les délais de réalisation. Rien n'y fait. En réalité, je comprends qu'ils n'ont pas encore eu de réel coup de cœur. Je déclare naturellement que « c'est justement ma spécialité de chasser les coups de cœur ».

Nous passons à la saison 2. Me voilà investie d'une nouvelle mission pour Giulia et Jean-Luc cette fois. Ils ne s'étaient pas réellement projetés dans le futur même s'ils avaient déjà visité de nombreuses propriétés à vendre dans le Sud-Ouest de la France. Certaines les avaient fait rêver. Leur manoir invendu, l'achat était à chaque fois différé et les opportunités s'échappaient. C'est la loi du genre. Avec cette offre, je les mets maintenant au pied du mur. L'occasion est trop belle de pouvoir vivre enfin leur rêve. Je les bouscule, mais ils me font confiance et me confient leur recherche : un château du Périgord ou de Gironde leur permettrait d'accroître leur capacité d'hébergement. Jean-Luc, consultant lassé, pourrait ainsi devancer la retraite et accompagner son épouse dans la gestion de la maison d'hôtes. Giulia y trouverait également son compte. Elle souhaite y accueillir régulièrement ses deux filles et ses trois petits-enfants.

Je n'oublie pas mon couple de parisiens. Je suis désolée de la frustration provoquée par cette situation et j'admire leur réaction fairplay : « Qu'à cela ne tienne, nous attendrons que vous leur trouviez le château idéal. Vous l'avez trouvé pour nous, vous le trouverez pour eux » plaisante Philippe. Belle preuve de confiance et très bel état d'esprit mais quel challenge pour moi. Combien de temps vais-je prendre pour trouver le château espéré ? Agnès et Philippe attendront-ils ?

La pression monte et je finis par m'enfermer dans mon bureau pour travailler sans relâche. Il s'agit d'être efficace : définir des zones de recherche, coordonner les remontées d'information, constituer les dossiers d'objectif, mettre en œuvre les chasses sur le terrain, enfin rédiger les comptes rendus pour Giulia et Jean-Luc, tout en gardant la liaison avec Agnès et Philippe. Les deux couples doivent rester unanimement engagés car leurs sorts sont intimement liés.

Mi-avril, soit environ deux mois après la signature de la lettre de mission, une propriété en Gironde retient l'attention de Giulia et de Jean-Luc. Le dossier correspond en tous points à leur recherche : prix, situation géographique, cadre, style, potentiel, accessibilité... la terre promise. Nous réussissons à trouver un créneau de deux jours pour nous rendre tous les trois sur place à la fin du mois. La chartreuse du XVIIème siècle, au pays des Graves, est un pur produit de la région. Elle jouxte plusieurs dizaines d'hectares de vignes dont elle a perdu l'exploitation au cours d'une précédente vie. Elle a néanmoins su conserver autour des bâtiments un magnifique jardin à la française qui plaît beaucoup à Philippe, un peu moins à Giulia qui a peur de l'entretien. En revanche, les intérieurs, entièrement de plain-pied et traversants, ravissent le couple à l'unisson. Le trajet de retour en région parisienne est fatiguant. Outre les 750 km à parcourir, je dois rester disponible aux questions et élaborer la suite des opérations. Nous fixons un rendez-vous la semaine suivante pour le temps de réflexion à froid.

Le cadrage onirique sur les vignes qui s'éloignent annonce la saison 3. Giulia a sous-estimé l'attachement viscéral qui la lie au quotidien à ses filles et ses petits-enfants. Songer à espacer les visites est un véritable déchirement. En réalité, faire un choix de cette nature n'est pour elle pas vraiment concevable. Il fallait une mise en situation pour le ressentir profondément. Jean-Luc, moins sensible à la proximité familiale, fait profil bas. Il ne sait en réalité plus quoi faire. Le rêve de reconversion s'envole, il est finalement lui aussi assez dépité. Un ange passe. Dans cette ambiance quelque peu morose, j'annonce le changement de cap. Manque le roulement de tambour. Erratum dans la lettre de mission : au lieu de « Sud-Ouest », lire « 30 minutes autour du manoir ». Mon entrain est communicatif mais je ne suis pas dupe de la difficulté de ce nouveau challenge. Un projet immobilier envisageable en province devient infiniment plus complexe à proximité de Paris à budget et prétention constants. Acheter plus grand que le manoir au prix de vente de ce dernier est une gageure à 40 minutes de Paris. Les revenus de Jean-Luc devant baisser, il n'était pas raisonnable de varier les budgets prévisionnels autrement qu'à la marge. Mais je ne peux baisser les bras sans avoir essayé et je m'obstine. Giulia et Jean-Luc ont du mal à y croire. Ils fréquentent les châtelains voisins depuis des décennies, alors, saperlipopette, ils seraient au courant si un château était en vente « dans le coin » ! Je suis bien placée pour savoir qu'il existe un marché confidentiel pour ce genre de bien. La chasse s'annonce en conséquence particulièrement délicate et contraignante et je dois également rassurer Agnès et Philippe, les parisiens, qui ne manquent pas de manifester régulièrement leur impatience.

A mon actif, je connais parfaitement la région. J'agis comme une géographe, j'étudie très attentivement les cartes. Je répertorie tous les châteaux du secteur et croyez-moi, il y en a beaucoup. 34 sont répertoriés dans les archives des Monuments Historiques. De mon côté, j'en ai répertorié plus de 59. Les trois écrans d'ordinateur de mon bureau se métamorphosent en champ de bataille virtuel à la cartographie étoilée. Des pics de couleur codifient mes recherches. Ainsi, les points jaunes indiquent des châteaux de premier choix, les blancs les « second choix » ; les points verts les parcs de plus de 2 hectares, ce que je recherche, etc. Vous comprenez donc que jaune-vert est un couple potentiellement gagnant. Un vrai travail de fourmi que j'exécute rigoureusement car je sais qu'il me servira ad vitam aeternam.

L'été est passé, l'année civile reprend son cours. Mes recherches ne sont pas vaines. Après quelques mois d'un inventaire minutieux, ma base de données consolidée me permet de prendre contact avec les propriétaires de deux châteaux correspondants à mes critères. Nous sommes alors fin septembre, Agnès et Philippe patientent déjà depuis la mi-février… Giulia et Jean-Luc sont peu impliqués, ils n'y croient pas.

La première propriété qui focalise mes recherches est située au sud de Senlis. Elle appartient à un homme d'affaire résidant à l'étranger. Pour arriver à lui, l'entreprise est rocambolesque. Il me faut deux semaines et trois visites au gardien du château pour le mettre en confiance. Il diffère ses réponses avec des prétextes plus ou moins fumeux. A la troisième tentative, je prends soin de me faire accompagner d'un collaborateur. J'obtiens finalement une réponse griffonnée sur un bout de papier, une adresse à Paris. Point de nom, juste trois initiales et l'adresse. Je le trouve très joueur. Je suis certes en reconnaissance mais pas d'humeur à déchiffrer les signes de piste, ni à discutailler davantage et nous prenons congé. Les initiales sont en fait celles d'une entreprise et j'ai rendez-vous sur les Champs Elysées avec la secrétaire particulière du propriétaire du château. Elle m'informe poliment que c'est un PDG très occupé du CAC 40, qui de surcroît demeure le plus souvent aux Etats-Unis. Ce dernier a donné des instructions très claires pour dissuader quiconque d'approcher son château. Je réussi finalement à le rencontrer.

L'homme se montre courtois mais fermement opposé à céder son château inhabité, excepté du gardien zélé.

L'approche du second objectif s'avère un peu plus aisée car le propriétaire habite sur place. L'accès à la propriété est en retrait de la route. Un complexe sportif masque complètement les abords de ce qui devait être autrefois l'allée noble. Ces terres furent sans doute rachetées par des investisseurs pour subvenir à l'entretien du château. Fort heureusement, la proximité des installations ne nuit pas au cadre, la demeure étant parfaitement protégée par son parc arboré. Je cherche l'entrée qui se fait de nos jours par une imposante grille en fer forgé à l'opposé de ce que voudrait la logique, ce qui me permet de faire le tour du parc et de découvrir des vestiges de douves, probablement les restes d'un château plus ancien.

La prise de contact avec le châtelain en exercice est des plus classiques. Les courriers et les appels téléphoniques finirent par établir un contact avec la fille du propriétaire : c'est Armelle qui me guide lors de cette première visite début novembre. Elle est amoureuse de son château de famille. Jeune mariée, elle rêverait de racheter les parts de la fratrie si des brouilles intestines ne l'empoisonnaient pas depuis vingt ans.

Elle me raconte au fil de la visite toutes les transformations et rénovations menées avec passion par son père. On devine dans ses yeux se dérouler le fil de sa vie depuis son enfance. Les deux chantiers principaux seront la restauration des pierres et leur jointoiement à l'extérieur, notamment la réfection sur place des croisées de meneaux, et l'électricité, que le pater familias a entièrement intégrée dans les murs des 850 m2 de pièces de vie. Les rénovations achevées permettent d'occuper confortablement une bonne moitié du château. Les pavillons d'angle et le deuxième niveau peuvent être potentiellement exploités pour développer, par exemple, une activité de petit hôtel de charme. Il semble établi que la Princesse d'Harcourt, qui avait racheté le comté en 1702, demanda la transformation de la demeure pour en faire l'une de ses résidences. Au sud, le corps de logis principal rectangulaire avec fronton central se présente sur deux niveaux d'habitation, avec fenêtres à croisées de meneaux et toits d'ardoise à la Mansart parés de chiens assis. En retour d'équerre, de part et d'autre du logis central, deux avant-corps s'appuient aux tours carrées avec en rattachement, deux pavillons d'angle aux jolies lucarnes arrondies. Au Nord, une façade renaissance classique avec fronton en avant corps central, surmonté d'un fronton triangulaire, et agrémenté de deux tours rondes coiffées d'élégantes poivrières d'ardoise. A l'intérieur, nul doute que l'on a voulu reproduire les fastes d'antan. Des sols en pierre formant damier de pierres blanches et cabochons noirs ou mieux encore, des marbres à formes géométriques de couleur, aux plafonds égayés de moulures et de pâtisseries dorées, tout est fait pour rappeler les ors du XVIIIème. Après l'ascension du grand escalier en pierre, les chinoiseries d'un cabinet de toilette puis la traversée des salons en enfilade, on se croit intime de la Princesse d'Harcourt, sentiment couronné dans la grande galerie.

Evidemment, je comprends qu'Armelle soit nostalgique de ce lieu, qui a grandi à son rythme sous l'action bienfaisante du père. Quand elle décrit les évolutions de la demeure, elle revisite en filigrane sa jeunesse. Aussi, je perçois douloureuse la mésentente familiale. La question est délicate, car je comprends au fil des mots, que le père propriétaire ne l'est finalement pas vraiment. Le vieux monsieur serait usufruitier, et il me faut bien en conséquence y voir plus clair. C'est délicat. En dépit de la retenue prudente que j'observe dans mes paroles, de la douceur dont j'essaie de faire preuve, Armelle évite et se tait. Je questionne ses souvenirs, afin d'en savoir plus sur des acteurs dont la seule évocation est un quasi tabou et qui seront cependant, a priori, des interlocuteurs incontournables. Encore un jeu de piste, me voilà de nouveau enquêtrice, un peu ethnologue, car je suis bien obligée de reconstituer les liens, les droits et les influences, au fil des découvertes notamment chez les quatre notaires de la famille, pour penser à l'éventuelle négociation à venir. Après moult rebondissements, j'ai la ferme intention de présenter à Giulia et à Jean-Luc un dossier bien ficelé. A ce stade, je sais que la nue-propriété est partagée entre les trois enfants et leur mère, avec lesquels mon Armelle et son père sont totalement brouillés.

Les trois mois d'hiver sont utiles à mettre en confiance les protagonistes. Chaque membre de la famille, depuis son coin de France, a des différends plus ou moins sérieux avec d'autres.

J'écoute activement, j'échange, j'objective, j'éprouve mes aptitudes relationnelles et je gère la régulation sociale. Mon but est de convaincre les attentistes de vendre et les vendeurs de proposer le château à mes clients. Un par un, tous les acteurs, consorts et conseils de chaque partie finissent par prendre part aux bilatérales quasi quotidiennes : père, mère, fille, fils, beau-fils, compagne, notaires, huissiers et autres amis de confiance de chacun…

J'assure la discrétion et la transparence. Je me pose en garante de l'équité et je fais d'abord estimer le bien par les Domaines qui déterminent la valeur vénale du bien en l'état. Je pose là un acte symbolique qui assoit mon rôle d'organisateur neutre. C'est aussi une façon d'éviter l'estimation contradictoire d'un autre agent immobilier qui aurait ralenti, voire parasité le processus. La technique qui consiste à gonfler artificiellement les prix pour mettre un pied dans une affaire m'insupporte. Enfin, pour anticiper les questions qui ne manqueraient pas d'arriver, j'ai fait venir sur place un certain nombre d'artisans de mes relations pour des devis de remise aux normes courantes - assainissement, électricité, chauffage, etc. - et en particulier pour établir la durée de vie des toitures qui me souciaient.

J'obtiens finalement un accord unanime. Je peux enfin présenter le château à Giulia et à Jean-Luc. Mais voilà que le temps s'accélère à nouveau brutalement. Ma médiation de plusieurs mois fut si convaincante que les protagonistes sont désormais à l'unisson pour vendre au plus vite par mon intermédiaire… ou non. Je ne pouvais pas concevoir qu'un an d'un tel travail puisse être soufflé en quelques jours par un candide chanceux.

Le château est sous la neige de la mi-février. Surprise totale pour Giulia et pour Jean-Luc. J'ai ménagé le suspense jusqu'au bout pour présenter l'aboutissement de mon travail comme un trophée. Le coup de cœur est immédiat. Les trois visites se déroulent dans l'euphorie de la découverte et l'offre tombe au prix demandé. Elle est acceptée rapidement. Je fais signer mes deux compromis de vente la même semaine à la mi-mars juste avant mon anniversaire, l'une au manoir et l'autre au château. En juin, Agnès et Philippe, Giulia et Jean-Luc signent leurs actes authentiques d'achat le même jour chez leurs notaires respectifs. Deux affaires liées, ou pas du tout, c'était la question. Alea jacta est ! La quatrième saison peut commencer.

Les Flamands bleus

« Potverdekke ! Pas Europe mais Eutrope, tu n'es pas Brusselaire, toi ! », rit de bon cœur Paulus. « Ici, c'est la Saintonge ! ». Il parle d'Eutrope, Saint Eutrope, l'évangélisateur de la Saintonge. Sa légende le situe au 1er siècle. Envoyé par le pape Clément, il serait venu de Grèce évangéliser le pays des Santons et aurait converti Eustelle, la fille du gouverneur romain. Kim s'exclame que les santons viennent de Provence. Paulus rit encore davantage, réfute et précise que les Santons sont la peuplade gauloise qui a fondé Saintes et la Saintonge et qu'il n'y a rien à voir avec le fait que « santoun », en provençal, signifie « petits saints ».
« Fais pas de ton nez, Paulus » plaisante Kim un peu vexée. Paulus Rijkaard est un ancien client. Je lui ai trouvé « sa » charentaise de Saint Jean d'Angely, dans laquelle il m'a invité aujourd'hui pour me présenter Kim et Hendrik. Paulus et Antje ont un « boontje », littéralement un petit haricot, pour leur nouvelle demeure. Je dirais qu'ils ont le béguin… « On connaissait la douceur de la région, alors quand Hélène nous a présenté cette maison, on a rappliqué volle petrol », témoigne Paulus. Il explique que ses amis Hendrik et Kim cherchent le soleil mais craignent les grosses chaleurs, comme eux-mêmes, et qu'il serait très plaisant à tous que le couple s'installe en voisins.
Il nous a donc réuni pour qu'on « babelle » de leur projet. On discute. Hendrik s'annonce bref avant de passer la parole à son épouse, qui sera mon interlocutrice. Il se repose totalement sur elle. De toute façon, il passe sa vie en avion et en business. C'est simple, il veut un « cottage secondaire vintage », avec (il compte en même

temps sur ses doigts) 1/ du soleil, 2/ de la douceur, 3/ du silence, 4/ la vue sur la mer, 5/ du tourisme pour occuper la famille, « pour le reste vous avez carte blanche si Kim est d'accord ». Le rêve ! Ça doit se voir et Paulus dit qu'ils ont « les moustaches qui crollent et qu'on va poter », c'est-à-dire qu'ils ont très envie d'aboutir et qu'on allait boire un coup.

C'est au tour de Kim maintenant. Je vois qu'elle est déjà complètement engagée dans le projet et qu'elle a beaucoup d'idées, même beaucoup trop. Je la fais parler de la déco de sa maison d'Anvers. Elle est complètement « shabby chic », le style branché qui consiste à faire du neuf distingué avec du vieux déglingué. Un substantif s'invite perpétuellement : lumière. Il faut de la lumière, ils veulent du soleil, les pièces doivent être claires, il doit y avoir de grandes et nombreuses ouvertures. Je prends en note, j'ai quelques idées mais je temporise. Je vais faire des propositions qui permettront d'affiner la recherche. Quand pourront-ils revenir ? « Aucune idée », répond Kim. Hendrik toujours à Macapette, comprendre au Diable-Vauvert, elle est le plus souvent seule avec les enfants, coincée à la maison.

Trois semaines plus tard, Kim accepte l'appel Skype. Je vois sur mon écran une partie de son salon. Effectivement, c'est chic, cosy et lumineux. C'est rétro, précise Kim. Elle sourit et prononce du bout des lèvres un « limite Kitsch » savoureux. J'expose mon raisonnement. J'ai cherché le soleil et la mer et je conseille la région de La Rochelle. Taux d'ensoleillement exceptionnel, autant que la Côte d'Azur, l'ensoleillement le meilleur du littoral atlantique sans les grosses chaleurs grâce à la brise de mer. Activités touristiques avec pratique de la voile, proximité des îles de Ré, Oléron, Aix et Madame, belle cité millénaire, la « porte océane » et ce depuis le XIIe siècle, dotée d'un riche patrimoine historique et urbain, etc. Proximité des amis Rijkaard, soit une heure de route. Pour être parfaitement dans le casting, il faut aussi l'absence de nuisance et la vue sur les flots. J'ai sélectionné selon ces paramètres une maison de maître, un logis charentais et une maison contemporaine. C'est difficile de trouver des bâtisses anciennes au calme sur la côte. Le cas échéant, les demeures ne sont pas toujours lumineuses. La troisième maison est exempte du charme ancien mais offre de grandes ouvertures sur l'océan. « Voilà trois possibilités, je vous envoie les accès des vidéos sur votre boîte mail et vous me rappelez ». « C'est super », conclut Kim avant de raccrocher.

Skype bipe vingt minutes plus tard. Kim va droit au but. La maison de maître est péteuse, la charentaise est jolie mais peut-on trouver plus lumineux, la vue sur la mer à partir de la contemporaine est « tchiniss », comprendre bas de gamme. Je reformule, j'essaie de bien comprendre. J'explique qu'il est envisageable d'élargir la zone de recherche au risque de dégrader la situation privilégiée du site de villégiature. Finalement, le bâti ancien ne serait pas incontournable si on a le charme, la belle vue et la lumière. Je raccroche mais la dernière image de la webcam de Kim reste figée dans ma tête. On n'a pas besoin de fronton du XVIIIème pour célébrer le shabby chic ! Priorisons la vue sur la mer et je réfléchirai aux transformations de charme et de lumière.

Port du… vue dégagée sur l'île de Ré, pour cette maison sur parcelle dc 5000 m² : vaste séjour sur la mer, cuisine ouverte aménagée et équipée, suite parentale, quatre chambres avec salle d'eau privatives, bureau, atelier d'art, terrasse…Pas mal. J'aime les grandes baies vitrées et la vue est belle. Mais le gros cube ne permettra pas beaucoup de fantaisie. Cette villa isolée ? Un archétype des années 70 sans aucun charme. Mais, elle donne sur les dunes, la vue est magnifique. Il n'y a aucune nuisance. Je vais visiter.

Je bipe Kim sur Skype. Elle a couché les enfants à cette heure. J'explique, je montre mes propres photos au moyen d'un second écran ; celles du propriétaire sont si peu explicites. Ces bâtisses redeviennent à la mode si tant est qu'on les remanie astucieusement : je décris, je conseille, je m'emballe. J'ai repéré un marchand de matériaux anciens à proximité… les baies sont réalisables à tel endroit… Kim finit par se prendre au jeu. Une bonne demi-heure plus tard, elle finit par m'avouer qu'elle avait un peu clopé – elle était un peu effrayée – et pensé que je n'avais pas toutes mes frites dans le même sachet. Elle est maintenant presque convaincue et veut voir in situ.

Hendrik fait confiance alors Kim vient seule. Elle a confié les enfants à sa sœur. Je l'attends à l'aéroport de La Rochelle qui assure une liaison directe avec Bruxelles, à une heure de route d'Anvers. C'est une facilité qui compte. Elle se dit ravie de son escapade qui rompt la monotonie du quotidien mais m'avoue cinq kilomètres plus loin qu'elle a quand même la pepette, la frousse : il ne faudrait pas qu'elle mélange ses tartines avec un projet mastoc.

« On a loin ? », demande-t-elle. C'est vrai, qu'elle semble un peu stressée. Mais elle ajoute, comme pour se rassurer, que j'ai les pieds sur terre. Je souris. La visite fut longue car chaque pièce est repensée, décorée dans nos têtes de bois de bardage, structurée de vieilles poutres lasurées. Certaines cloisons sont abattues. Des ouvertures sont créées, des portes fenêtres sont imaginées en baies vitrées. Nous modifions les lignes de façades, imaginons une terrasse. Kim est aux anges. Elle est partante, me charge de trouver un architecte et un décorateur valables, des artisans de confiance.

L'ordinateur chauffe pendant le Skype. Voilà six mois que le projet a débuté. Kim et Hendrik sont maintenant les heureux propriétaires de l'ex-villa des années 70 qui ressemble désormais davantage à un loft. Même brut de décoffrage, il présente déjà beaucoup de caractère avec ses lumineux espaces en terrasse qui surplombent dunes et flots azurés. Le gros œuvre s'achève et l'opération shabby chic débute. Kim est très soucieuse des choix du décorateur et me demande mon avis sur les teintes de bleu de la peinture Farrow & Ball. Un drolatique quiproquo s'engage. « Ouille-ouille ! ». C'est la webcam qui déforme les couleurs. Hendrik approche de l'écran. Il me salue et m'attribue tout sourire le titre de Jiminy Cricket de Kim, que cela n'amuse pas. « Celui-là est encore en amusette », récrimine-t-elle. Hendrik ajoute sérieusement : « Vous savez, nous sommes complètement bleus de cette maison ! ».

P.S. : Paulus m'explique qu'il voulait dire qu'ils en sont « raides dingues ».

Dionysos et Apollon

La demeure principale date de la fin 18ème et les bâtiments attenants du siècle suivant, au total 400 m² à restaurer. Je montre la vingtaine de pièces à Wanda qui visite en silence. Je respecte. Elle ressent les lieux. C'est la première fois que je visite avec elle, pourtant je crois bien la connaître. Nous avons tellement échangé. Cela fait maintenant un bon moment que nous tournons dans les bâtisses. Elle demande un avis technique sur les travaux à réaliser. Elle veut savoir si la construction est saine, notamment la charpente. A mon sens, il n'y a que le second œuvre à réaliser. J'en annonce l'estimation. Elle est rassurée. De toute façon, un professionnel du bâtiment viendra expertiser. On retourne au chai par lequel nous avions commencé la visite. La disposition du chai peut être rédhibitoire. Il est la pièce maîtresse du projet. Face à la demeure principale, c'est une grosse bâtisse rectangulaire de presque 300 m². Une cour pavée les sépare. Avec les deux logis attenants en retour d'angle, la cour est presque carrée. Elle pourrait être un peu martiale mais avec les tilleuls flamboyants qui l'habitent, elle est juste majestueuse. Le chai a le potentiel d'un immense loft, tout y est possible. Il n'y a pour l'instant pas grand chose à voir sinon des moellons et des poutres. Une fois la grande porte franchie, Wanda stoppe net et réfléchit, apparemment, les yeux dans le vide. Elle exécute un demi-tour de parade et se précipite à nouveau à l'extérieur.

Nous retournons de l'autre côté du chai, face au parc d'un hectare et du plan d'eau. En fond de tableau, la forêt de feuillus court sur les coteaux calcaires, on distingue un peu les chênes des érables champêtres. De part et d'autre de l'étang, les îlots boisés ponctuent les vignobles comme des temps de silence entre les portées de fruits. Derrière les vignes, au pied des coteaux, on devine la rivière qui sinue dans la charmille. Le silence bruisse presque entre les feuilles. Je me retourne pour expliquer doucement à Wanda que c'est là, entre les poutres qu'il faut ouvrir le chai et installer les baies vitrées. Elle approuve et son regard dévie pour admirer encore la beauté naturelle des lieux. Le chai est en léger surplomb, si bien que les doux vallons de vignes et de bois s'étendent sous nos yeux jusqu'au contrefort forestier comme une ode à la nature. Du bosquet sur notre gauche, une voute arborée nous invite dans les travées palissées pour un nouveau départ. Wanda semble heureuse. Je crois que nous nous sommes bien comprises. Une de fois de plus, cela depuis presque un an, la discrète communion de nos esprits opère. Elle cherchait un temple de création musicale, un endroit propice à la sublimation artistique, à la fois ouvert et protégé. Je crois bien que nous touchons au but et Wanda a dû entendre ma pensée puisqu'elle ajoute : « le temple des extrêmes, de la démesure et de l'harmonie, celui de Dionysos, dieu de la vigne et de l'extase et d'Apollon, celui de la poésie et de la musique ».

Elle retourne à l'intérieur du chai. « Oui, vous avez parfaitement raison. Les baies vitrées entre les poutres donneront un dégagement extraordinaire sur le théâtre de verdure », dit-elle. Le vocable est choisi. Le studio d'enregistrement sera ainsi au balcon, les vignes et l'étang dans la fosse et en face, la forêt occupera la scène. D'un point de vue technique, je suis certaine de la faisabilité. L'architecte validera. Il aura certainement aussi quelques propositions originales. Il faudra convoquer concomitamment le bureau d'étude acoustique, de sorte que chaque intervenant comprenne les besoins des autres : volumes et emplacement consacrés au studio, à la régie, aux cabines voix, etc. Avec cette surface, on a encore le loisir d'imaginer plusieurs configurations. Faut-il un auditorium supplémentaire, ou multiplie-t-on les pièces de repos ? Pour les équipementiers, c'est différent. Peu importe le contenant dans le choix des options technologiques. De toute façon, un ingénieur du son, ami de Wanda sera également présent au symposium. Wanda doit avoir un peu le vertige. J'imagine qu'elle doit canaliser sa pensée, bousculée par toutes les options possibles, en rapport avec ses multiples activités et ses nombreuses entreprises.

Compositrice et multi-instrumentiste réputée, elle a beaucoup d'expérience dans la direction musicale, l'arrangement et la réalisation et ne compte plus les succès en collaboration avec des grands artistes, des comédies musicales, le cinéma, la télévision… Voilà maintenant qu'elle va aussi produire. Un projet immobilier est toujours lié à un projet de vie, mais le trait d'union s'impose avec plus ou moins de force. Pour Wanda, ce choix immobilier est majeur. Le lieu d'abord, lieu de vie, de famille et bassin de création pour elle et pour tous les artistes qu'elle espère attirer. A quelques encablures de la métropole bordelaise, le site choisi concilie l'accessibilité et le calme du monde rural. Ancienne propriété viticole, le vignoble a été revendu aux châteaux voisins, si bien que l'ancienne exploitation est cernée par la campagne riante sans en avoir la charge. La dimension artistique compte bien entendu. En premier lieu, la bonne vibration. Frisson d'allégresse, frisson poétique, frémissements du raisin mûr et des feuilles agitées, onde du héron sur l'étang apaisé. Le chai compose avec les richesses de la terre. Ici, on se ressource pour participer à la création. Puis il y a la force de l'esprit de groupe, la puissante énergie de l'émotion collective. Le chai, en laboratoire alchimique, fermentera les courants de pensée, brassera la sève de l'immortalité. Les nombreuses chambres des bâtiments satellites accueilleront les atomes au repos, avant qu'ils ne s'agrègent pour les réactions en chaine.

En femme orchestre, Wanda doit mettre en musique chaque aspect du projet, et leurs charges financières respectives l'inquiète. Pour faire effort sur les travaux d'aménagement du chai, elle veut négocier au mieux l'achat de la propriété. C'est bien légitime. Il est vrai que je l'ai conseillée en ce sens car je trouve le prix de vente trop élevé. J'ai en tête un prix honnête pour les deux parties, que j'ai fixé avec Wanda comme objectif à atteindre, avec un argumentaire bien ficelé qui s'appuie sur les transactions comparables fraichement réalisées dans la zone. Cette négociation est la principale tâche qui me reste à accomplir. Une rencontre est organisée avec les propriétaires, une indivision dont les membres n'ont pas désigné de représentant. Chacun veut directement prendre part à la négociation et entendre sur le vif mes explications, ce qui ne facilite pas l'exercice.

La veille au soir de l'entrevue, c'est le drame. Il est bien tard lorsque Wanda m'appelle au téléphone, affligée : son père, actionnaire de la société qui doit financer l'achat immobilier, s'oppose à présent à la réalisation du projet, en tout cas dans les conditions prévues. Il estime trop ambitieux le choix des infrastructures, lesquelles seraient exagérément éloignées de l'agglomération urbaine. Wanda explique qu'elle a bien essayé de contourner l'obstacle mais rien n'y fait. La banquière, la comptable, le conjoint et les amis sont formels : du magot du papa dépend le salut du projet. Wanda est abattue. Une tragédie ! Le papa n'échappe pas aux règles de fonctionnement du monde, dis-je à mi-voix, aujourd'hui la raison d'Apollon tyrannise son univers. Je suggère de réveiller le Dionysos qui sommeille en lui et de l'inviter à visiter le futur temple de la musique. Rendez-vous est pris. Le jour J, le papa arrive tout sourire. Il n'a mis qu'une demi-heure pour venir, c'est très positif, il n'y croyait pas. Vous connaissez déjà la phase suivante. Inutile de vous la répéter. En cas d'oubli, reportez-vous au deuxième paragraphe. La magie du lieu fait son œuvre et Wanda met en perspective ses projets. Le père est transporté, sa fille est décidemment géniale… et l'entrevue avec les vendeurs est de nouveau à l'ordre du jour.
La mesure apollinienne fera son œuvre. « C'est par les Muses et l'archer Apollon qu'il est des chanteurs et des citharistes », dit Hésiode.

Racines

« Maître Verneuil du cabinet ST International Partner, bonjour madame. Antoine M... m'a parlé de votre savoir-faire. J'ai un client américain qui souhaite investir en France. Quelque chose de beau, voyez-vous.... ». L'intermédiaire m'explique par des périphrases que c'est une affaire maousse. J'entends bien, mais j'aimerais savoir de quel type de recherche « un peu particulière » il s'agit. « Une recherche historique... mon client veut retrouver ses racines. Cela nécessite naturellement des investigations. Mais avant d'approfondir la question, nous aimerions savoir si cela vous intéresse et, dans l'affirmative, comment vous entendez procéder ». En fait, l'avocat d'affaire veut savoir dans quelle mesure je suis capable de remplir la mission et si des préalables sont nécessaires. En substance, j'explique qu'au besoin, je saurais m'entourer des spécialistes utiles.

Ces américains sont des gens réactifs. C'est plaisant. Frank Taylory m'appelle de Los Angeles le lendemain. Il est ravi de la manière dont j'ai accueilli Verneuil. Je suis félicitée d'avoir accepté la mission. C'est un style de communication un peu inhabituel chez nous. Frank se présente comme assistant de monsieur Marlowe. Je dois comprendre que John B. Marlowe est très occupé avec ses holdings et que Frank a pour tâche de me briefer de telle sorte que je leur présente dans quelques jours mon plan d'action et mes conditions. J'ai envie de lui dire que c'est « clean ». Monsieur Marlowe est épris d'histoire et de généalogie. Il compte parmi ses ancêtres quelques Français et John Marlowe a un lien affectif étroit avec la France. Il y séjourne régulièrement pour ses affaires et ses moments de détente. Aussi lui est-il venu l'idée, pour joindre l'utile à l'agréable, d'investir dans un bien immobilier en France. Il souhaiterait précisément acquérir une demeure ayant trait à ses ancêtres. Inutile de vous dire que celle-ci doit être historique et à l'image du patrimoine français, à proximité d'un aéroport international. Une plate-forme hélicoptère sera nécessaire. La propriété doit pouvoir simultanément accueillir quatre ou cinq familles avec enfants. L'implantation doit présenter des pôles d'intérêts pour le tourisme et les loisirs. « Il n'y a pas de limite de prix mais vous devrez rigoureusement argumenter vos propositions. Même esprit pour les éventuels travaux que vous ferez estimer. Vous n'avez pas de dead line ferme mais votre rapidité sera récompensée. Avez-vous des questions ? » je souris à mon téléphone. Avec un tel discours quasi monocorde, il devait lire un ordre d'opération. C'est sans doute pour cela que le quotidien Sud-Ouest m'avait affublé du titre de « James Bond de l'immobilier ». Oui, j'ai une question à soumettre : il me faut les éléments connus sur la famille ! « Le dossier numérique part à l'instant. Merci d'accuser réception ». Frank est très professionnel. Ok, je vais réfléchir mais je sais déjà qu'une de mes conditions de travail est d'entrer en contact avec Marlowe. Son investissement est bien plus que financier. Ces hommes d'affaires sont naturellement avares de leur temps mais ils doivent bien comprendre qu'on ne renifle pas son terroir comme un puit de pétrole, au risque de connaître la panne des sens.

L'antivirus me signale un spam. C'est une société américaine qui m'écrit, sous la signature de Frank Taylory. J'égraine les fichiers sécurisés. Heureusement que nous sommes un samedi soir, je vais pouvoir consacrer un peu de temps à la lecture du dossier Marlowe. Heureusement, car c'est un annuaire copieux et indigeste de dates et de péripéties. Ça aurait pu être pire si les origines françaises de Marlowe avaient remonté à Christophe Colomb ! Si, c'est possible. Figurez-vous qu'un de ses marins était français. Ce dernier, un dénommé Cousin, aurait rejoint le navigateur pour sa célèbre expédition de 1492, furieux d'avoir été renvoyé par son patron dieppois pour indiscipline, après avoir abordé l'Amérique vers 1488, quatre ans avant sa découverte officielle.

Le premier ancêtre français de Marlowe est un trappeur, Jacques Marquet, qui circula entre les Appalaches et les Montagnes Rocheuses au début du XVIIème siècle avant de s'établir en Nouvelle-France, dans la première colonie française permanente fondée par le saintongeais Samuel de Champlain, à Port Royal d'abord, puis à Québec ensuite. Il s'était apparemment pris d'amitié pour les Indiens jusqu'à épouser une de leurs filles. La tradition orale familiale voudrait qu'il fît commerce de peaux de castors, que quelques européens élégants eussent portés sur leur haut-de-forme et le col de leur jaquette. Jacques Marquet eu deux fils. L'aîné, Sicaire, fut un compagnon de fortune de Robert Cavelier de la Salle sur le Fleuve Colbert, c'est-à-dire le Mississippi. La Salle bénéficiait de la volonté de Colbert, qui avait pris le relai de Richelieu d'encourager le développement de la Nouvelle-France. Il occupa d'abord l'île de Montréal puis organisa des expéditions autour des lacs Ontario et Erié. En 1681, il parcouru le Mississippi à travers les tribus indiennes jusqu'au golfe du Mexique. Au nom du Roi de France et de Navarre Louis le XIVème, la Louisiane était née...

A peu près à la même époque, deux milles Huguenots français, chassés par la révocation de l'édit de Nantes en 1685 s'établirent dans les ports comme Boston et New York car beaucoup étaient commerçants, et dans les colonies, notamment en Caroline du Sud. Ils intégrèrent très vite les cercles britanniques et se marièrent aux élites locales sauf Margaret Bury qui se maria au commerçant Charles Marquet, le frère cadet de Sicaire, qui avait peu être trouvé en la nouvelle Amsterdam, future New York, un autre débouché pour son commerce de peaux. Margaret était fille de huguenots réfugiés sur l'île de Manhattan que le gouverneur wallon avait acheté aux Indiens. Ils avaient rejoint la terre promise après un séjour en Provinces-Unies des Pays-Bas, où ils avaient anglicisé leurs noms. Le hasard de l'histoire fit que le mariage de Charles et Margaret eu lieu au village de Staten Island, face à Brooklyn, lesquels sont actuellement reliés par le pont suspendu Verrazano-Narrows baptisé en l'honneur de l'explorateur Giovanni da Verrazzano. Celui-ci a été le premier Européen, mandaté par François 1er de France, à avoir posé le pied sur le site de l'actuelle New York, qu'il avait baptisée Nouvelle-Angoulême. Je trouvai plus tard, que Jacques Marquet, le père du marié, était né précisément à Angoulême. Charles et Margaret Marquet eurent cinq enfants.

Une autre branche des ascendants de John B. Marlowe comprend un représentant de l'immigration française au lendemain de l'aventure napoléonienne, en 1815. C'est au Texas, dans des circonstances inconnues, que Kate Smith rencontra et épousa le colonel d'Empire Maury, veuf en premières noces de Jeanne de Montignac. Maury comptait alors parmi les 150 officiers qui accompagnaient les généraux Lallemand et Rigaud dans l'établissement d'unecolonie, le Champ d'Asile, sur les bords de la rivière Trinity. Mais le jeune et fougueux colonel, qui avait gagné sa croix de Légion d'honneur à Austerlitz, échappa de vitesse à la famine et aux maladies. Il partit avec femme et pièces d'or rejoindre la communauté française de Louisiane, au sein de laquelle, avec le soutien de sa belle-famille, la culture du coton fit sa fortune.

Au bilan, me voilà avec trois pistes à exploiter : Jacques Marquet et Margaret Bury au XVIIème siècle et le colonel Maury au XIXème. Je commence par fouiller dans les pièces d'archives fournies par Frank Taylory. J'ai un dossier complet de diapositives de registres paroissiaux et d'actes d'état-civil, avec en prime quelques déclarations administratives. La plus grande partie vient de France. C'est vrai qu'avec l'essor de l'Internet, beaucoup de nos administrations ont mis leurs archives en ligne une fois celles-ci numérisées. Le décryptage de la calligraphie à la plume n'est pas toujours aisé, surtout quand l'encre a pâli au fil des ans. Un prêtre de Rochefort indique, dans son registre de 1702, avoir baptisé un certain Jacques Marquet, né à Angoulême, fils de Sicaire et Jeanne Marquet. La même paroisse enregistre un an plus tôt le mariage d'un Sicaire Marquet, tailleur à Rochefort et de Jeanne, fille de tisserand de la même ville. On peut supposer qu'il s'agisse des mêmes et on note alors que le fils aîné de Jacques Marquet aura porté le prénom de son grand-père, Sicaire. C'est une piste peu prometteuse car la région de Rochefort n'est pas connue pour ses dessertes internationales. On peut certes imaginer le riche John B. Marlowe circuler en jet privé et en hélicoptère, mais je ne dois pas prendre mes désirs pour des réalités et m'astreindre à respecter le cahier des charges. Franck a bien dit « à proximité d'un aéroport international ».

Mais la trace de Jacques Marquet ne disparait pas complètement puisque son fils cadet Charles à épousé Margaret Bury dont j'épluche maintenant l'histoire consignée. Marlowe a eu une chance inouïe en ce que la jeune émigrée tint en son temps son journal que les générations successives se transmirent. Il obtint également par ce biais des informations sur la belle famille de Margaret. La jeune fille avait en fait anglicisée son nom. Antérieurement à son transit hollandais, elle s'appelait Marguerite Burie. Elle est issue d'une famille de marchands de Guyenne qui s'élevèrent socialement avec l'achat de charges royales. Ses aïeux, sieurs de Fentenac, avaient acquis ce fief, puis avaient poursuivi leurs investissements dans les vignes et les moulins. Les mariages avaient aussi permis d'agréger des terres au patrimoine familial et on trouve du côté maternel des possessions dans la région de Saint-Emilion. Voilà des révélations géographiques, à une petite heure de route de l'aéroport de Bordeaux-Mérignac, qui me satisfont pleinement.

Le colonel Maury était né sous le règne de Louis XVI à Bergerac d'un père notaire. Les renseignements au sujet de la famille sont assez peu nombreux, en dépit de l'existence après la révolution française de l'Etat-civil, au moment de son premier mariage, et de la condition sociale de la famille Maury. On devrait trouver davantage d'éléments sur le notaire Maury de Bergerac. J'écarte pour l'instant les recherches sur Jeanne de Montignac, épouse en premières noces de l'officier d'Empire. Il s'agit vraisemblablement des Montignac de Dordogne au regard des domiciles déclarés sur l'acte de mariage. Aussi, si j'ai une piste à privilégier, ce serait celle de Bergerac, dont le petit aéroport est plus dynamique que celui de Brive-la-Gaillarde, même s'il impose en pratique un transit par Londres.

De façon pragmatique, je vais débuter mes recherches en Guyenne, disposant d'indices concrets et d'une zone de recherche favorable. J'explique tout cela dans un long courrier électronique à Frank Taylory, en y ajoutant mes conditions et quelques réserves. La réponse ne tarde pas, aussi sympathique que laconique, du genre « OK pour tout, inutile de prendre un rendez-vous téléphonique ». Il faut dire que Los Angeles, c'est le Far West. La Guyenne est moins dépaysante. Il me faut assez peu de temps pour lister les patronymes des ascendants de Marguerite Burie de Fentenac, alias Margaret Bury de New York. Les sites des amateurs d'histoire et de l'armorial de Guyenne en particulier me facilitent grandement la tâche. Par des recherches croisées, vérifiées dans mes ouvrages spécialisés, j'inventorie les propriétés familiales. Je retiens en priorité celles qui comptent ou qui pourraient compter plus d'une quinzaine de chambres. Je veux un premier inventaire, qui, une fois enrichi des renseignements pris auprès des partenaires et passé au crible des recherches sur le terrain, conduira au dossier d'objectifs.

Le plus grand nombre de biens présélectionnés n'était pas à vendre. J'avais mis quelque espoir dans la rénovation d'un joli hameau abandonné, dont le bâtiment central présente des atouts Renaissance, mais voilà que la mairie me répond que mes hypothèses d'agrandissement ne sont pas envisageables. Il ne me reste que deux cartes à jouer, dont un joker que j'avais laissé en annexe : un château de style néoclassique qui respecte toutefois la plupart des paramètres pratiques exigés. Le corps de logis central, rectangulaire, est encadré de deux pavillons en position surélevée et l'ensemble donne une impression magistrale. Les lignes horizontales sont mises en valeur par l'usage de corniches, bandeaux et linteaux d'ouvertures sur toute la façade. Le prix, est complètement déraisonnable au regard de l'état des toitures. Vous me direz que tout se négocie. Ce qui m'embête le plus, c'est que Margaret a émigré en Amérique au XVIIème siècle et que c'est un château du XIXème ! Je ne me vois pas expliquer à John Marlowe que c'est un château des descendants de ses ascendants. Il me regarderait interloqué en mordant son gros cigare et en soufflant plein de reproche que pour Margaret, ça serait une sorte de retour vers le futur...
The last, but not the least, le château des ... est à l'origine une demeure de campagne au centre d'un domaine viticole. Si l'essentiel des terres ont été revendues aux exploitants voisins, le bâti est resté dans la famille Burie de Fentenac pendant plus de quatre siècles. La construction de cette ancienne demeure de plaisance est initiée par l'arrière-grand-père de Margaret en 1565. D'importants remaniements sont réalisés au XVIIe siècle, de sorte qu'il est fortement probable que Marguerite ait connu l'essentiel de la

disposition actuelle. Elle se présente sous la forme d'un corps de logis, avec aile en retour et tour d'escalier polygonale dans l'angle. La toiture en ardoises est ajourée de lucarnes à frontons triangulaires. Au dessus des pièces de réception, l'étage ne compte que neuf pièces mais on peut tirer partie équivalente des combles. De plus la propriété comporte nombre de dépendances aménageables : orangeries, chais, pigeonnier, communs... Au total, j'évalue le potentiel à plus de vingt cinq pièces hors réceptions. La découverte est fabuleuse, la zone est touristique, à 45 minutes de Bordeaux, au milieu des grands crus, le prix semble négociable je crois qu'il est temps de contacter Franck et d'accéder au big boss.

J'attends le big boss dans le hall de l'aérogare de Bordeaux-Mérignac. Un jeune quadra dynamique, chemise au vent par-dessus le jean et chewing-gum aux lèvres passe devant moi et effectue un quart de tour. Il ne me demande pas l'heure, il se présente, John Marlowe. Je cherche autour de lui, pas de secrétaire Barbie, pas d'assistant quadrilingue. Un conférencier bilingue nous attend au château et je me demande maintenant si j'ai eu raison de le convoquer. Il n'y a plus de doute quand John B. Marlowe met ses mains dans les poches de son jean, se penche en arrière et crie
« Well done, c'est cool ».

Eugénie

- Quand pourriez-vous venir ?
- Si c'est possible, maintenant ! Je suis près de chez vous.
- Oui, c'est très bien. A tout de suite.

C'est un vieux monsieur qui m'ouvre la porte, quelqu'un déjà avancé dans le troisième âge. Sa voix au téléphone tintait pourtant jeune. Il est charmant, paré d'une politesse désuète assortie à son intérieur raffiné. La maison est une meulière bourgeoise, mi-manoir, mi-villa, un modèle courant dans cette zone chic de l'Ile-de-France. Nous allons prendre le thé devant la porte-fenêtre qui donne au jardin. L'argenterie est clinquante, des petites mains doivent agir à l'office, Monsieur n'étant pas du genre à lustrer par lui-même. En vrai gentleman, il me fait la visite en combinant prévenance et panache. J'aime beaucoup les galeries à balustres de bois en fuseaux en suite des escaliers à chaque étage. L'ascension est assez gaillarde, j'en suis presque essoufflée.

Ses relations ont fait ma publicité. Il a confiance en moi. Il se montre insistant à cet égard. « Je dois avoir confiance, voyez-vous ». J'essaie de comprendre le scénario mais monsieur, avec une coquetterie de cour, laisse planer le mystère jusqu'à m'inviter à m'asseoir dans le canapé Napoléon III de damassé rouge, en poirier noirci, parait-il. Il a un projet dont il doit m'entretenir. Laisse-t-il planer le suspens par artifice littéraire ou s'embarrasse-t-il d'un voile suranné de pudeur, je ne sais. Au détour des périphrases, on arrive au dénouement : il a « rencontré quelqu'un ! ». Il moque la tyrannie de l'existence, laquelle le presse encore. Il n'a jamais su prendre son temps. Une savoureuse entreprise lui tend à nouveau la main, il lui tarde d'agir, elle s'appelle Eugénie, il ne temporisera pas pour un empire. Je suis chargé de tout, de la vente de cette propriété, de la recherche de l'autre, des visites, de la négociation : il n'a plus l'âge de s'éreinter, il délègue. Quoiqu'il en soit, il ne serait plus de cette époque : il n'a ni ordinateur ni téléphone portable. Il s'en accommode ? Non, il le revendique. En revanche, il a l'âge du thé fumé et des promenades sur la digue au coucher du soleil. Le reste lui est bien égal. A moi les « marchands de tapis », il me les laisse, c'est mon affaire. La vie ne lui a pas donné de descendance, il n'a pas de compte à rendre. C'est à moi de les lui rendre, quand même. « Je compte toutefois sur votre esprit de synthèse », ironise-t-il gentiment. « On fonce ! », commande-t-il avec emphase, « vous avez un nom prédestiné pour ça. Et toute cette quincaillerie », il désigne la théière en argent et les meubles de style, « n'a aucune importance ». Il vend tout, il trouve une petite maison à jardinet sur la côte tempérée, en ville, avec les commodités, à deux pas de la mer…

« C'est ma dernière garçonnière, il ne faut pas se louper», me dit-il. On discute de la zone. Il pense à l'Aquitaine, sa dulcinée y a ses alliés. Arcachon, par exemple, ça l'a toujours attiré, et puis il y a Bordeaux à proximité. On pense à un plan B. On descend la côte sur la carte avec le doigt tendu, vers le Sud. Biscarosse, Mimizan, non. C'est trop petit. On retient Biarritz et Saint-Jean-de-Luz. Mais attention, le centre ville et les commodités à pied, mais pas de bars de nuit ou autres polluants. Une maison, sans autre précision. Je demande pourquoi, car mon avis est qu'à son âge, un appartement serait plus fonctionnel. Je verrai bien un bel appartement avec terrasse. Non, il pense à une maison. Pas forcement une arcachonnaise, c'est typique, d'accord, mais une villa pourrait être plus pratique et confortable, faut voir. Si, un petit jardin, avec une terrasse, de quoi prendre un café au milieu des fleurs, mais un jardin, pas un parc. Pas d'entretien. Un sécateur et au pire un bout de gazon à confier à la personne d'entretien. Une villa de standing. Pas besoin de beaucoup d'espace. Une chambre pour elle et une pour lui. Un bureau-bibliothèque, c'est important. Il faut pouvoir lire au calme à la lumière naturelle. La lumière à gauche du bureau. Il n'aime pas trop les cuisines. Les cuisines dites américaines sont des facéties à la mode mais très peu pour lui. On ne mélange pas les torchons et les serviettes. Il est allergique au bruit de casseroles. Un salon –salle-à-manger ou deux pièces indépendantes, qu'importe le salon, pourvu qu'on ait l'ivresse. Donc ça fera cinq pièces au total, on va dire 120 m2 au minimum, voyez-vous. 150-200 ça serait plus raisonnable. Bon maintenant, c'est la loi du marché. Si tout est de plain pied, ça serait fantastique, mais peut-être ne faut-il pas croire au père Noël. Ah oui, les placards. Il veut des placards. Beaucoup. Il en faut partout ou alors «vous me trouverez un artisan ; il arrangera les espaces... Je ne veux plus ses grosses armoires qui entravent nos mouvements. Ça fait vieux ».

Sur l'autoroute, je songe avec attendrissement à ce nouveau client plein d'allant, dans l'émerveillement de sa liaison sentimentale : « je veux tout en blanc, quelque chose de lumineux, de chic, de moderne. Ma fiancée n'aime pas le style bourgeois coincé, mais il faut quand même que ça soit chic. ». Mon GPS m'indique encore quelques inepties mais je n'ai pas le temps d'agir sur les boutons car le téléphone résonne dans l'habitacle. C'est lui, le fiancé. « Je voulais vous dire chère madame, que vous ne devez pas craindre les travaux, à condition qu'ils soient réalisés rapidement ». La priorité est à la fonctionnalité et à l'esthétique. C'est bien comme ça que j'avais compris, il ne fallait pas qu'il s'inquiète. Il raccroche après des amabilités qui sonnaient sincères. Il est trop tard et je suis fatiguée. Contrairement à l'habitude, je remets la constitution du dossier de recherche au lendemain.

J'achève la mise au point de mon ordre de bataille. Je vais sortir mes fonds de dossiers quand le téléphone sonne. « Chère madame, je suis enchantée de vous retrouver en ligne par un tel soleil. Darde-t-il chez vous comme ici ? ». Monsieur a passé la soirée avec sa fiancée. Elle est ravie de ce projet et donne la priorité au Pays Basque. Ses désirs sont des ordres. Puisque c'est une histoire de cœur, je propose de laisser la place au coup de cœur. Je sais d'expérience qu'il ne faut pas se laisser emprisonner avec des a priori. Les maisons relèvent des histoires de cœur. Vous allez trouver cela vaseux, moi pas. Dans le domaine de l'affectif, les ressorts sont complexes. Il me donne raison, se reproche ensuite son impatience puéril et promet de ne plus m'embêter. Il me rappelle néanmoins le lendemain, pour me demander comment nous allons procéder car il n'utilise pas l'ordinateur comme « les autres », enfin, il ne l'utilise pas du tout. Je lui rappelle que j'avais promis de lui rendre visite dans un mois. C'est vrai, il a oublié et c'est très bien comme ça. Je cherche une maison de plain pied mais je suis persuadée qu'un bel appartement serait dans son cas plus adapté. J'en ai repéré un magnifique avec vue sur la mer et terrasse. Je trouve des maisons à Biarritz et Saint-Jean-de-Luz qui sont toutes imparfaites, ou ne sont pas dans le budget envisagé. Biarritz serait à mon sens un choix plus judicieux, en raison des commodités évoquées. Monsieur m'appelle. Il a bien réfléchit et pense que Biarritz serait opportun. Je le conforte dans sa réflexion, c'est aussi mon opinion.

Ma tournée parisienne est dynamique. Un client fidèle me réclame soudainement une maison mi-manoir, mi-villa, à 30 minutes de Paris. Il se pourrait que j'ai une solution… Justement, je rends visite à mon futur couple basque. Madame est là aussi. Elle est toute pimpante comme son fiancé. Je présente mes pistes et évoque à nouveau l'idée de l'appartement de charme avec terrasse. Justement, ils y songeaient. Ça pourrait être ceci… j'allume l'ordinateur… suspens… voilà : centre Biarritz, plages et commerces à pied, un très bel appartement Art déco de 160 m² avec terrasse, au dernier étage avec ascenseur ; vastes pièces de réception, 3 chambres, 2 salles de bain… Je suggère d'être réactif. Ils sont prêts à descendre mais les voilà inquiets. Les mots se télescopent : dispositions, banquier, crédit relais... Je me veux rassurante, j'ai aussi une autre bonne nouvelle : une visite pour cette maison. Un coup de fil plus tard, le rendez-vous est pris pour le soir même. Deux coups de fil plus tard, la visite de l'appartement de Biarritz est planifiée le surlendemain. Trois coups de fil plus tard l'hôtel est réservé. Le lendemain, nous descendons tous les trois dans ma voiture. Le jeune couple se regarde, éberlué. Ils n'en reviennent pas. Moi non plus d'ailleurs, la chance est quelquefois incroyable. La vente et l'achat se réalisèrent trois mois plus tard. « Eugénie à Biarritz, un sacre ! », fanfaronne Monsieur chez le notaire.

Remerciements

Je tiens à remercier tout particulièrement mon mari sans qui rien n'aurait été possible.

Je remercie également nos quatre enfants, le feu qui éclaire mon refuge.

Merci enfin à Margaux et à Béatrice pour leur implication dans ce projet.

        Diplômée d'école de commerce, Hélène Ferrari termine un
cycle de commerce international à Londres lorsqu'elle est recrutée
par Mc Cain pour introduire sa marque en France. Elle est
responsable d'un quart de la France avant d'être débauchée par
Douwe Egberts.
Dix déménagements et quatre enfants plus tard, elle rejoint le Réseau
Entreprendre où elle attrape le virus de la création d'entreprise. Elle
créée la sienne en avril 2008.
Elle ouvre sa première agence à Chantilly où son approche humaine
fait immédiatement un carton.
Aujourd'hui, basée dans le Sud-Ouest, « au vert et au soleil » elle
concilie avec bonheur vie à la campagne en famille et boulot non
stop. Elle travaille désormais sur toute la France. Business woman
accomplie, elle ne cesse d'innover pour voir aboutir son rêve de «
rénover » le monde de l'immobilier actuel à l'image des belles
demeures qu'elle vend !

www.ingramcontent.com/pod-product-compliance
Lightning Source LLC
Chambersburg PA
CBHW072044170626
46811CB00008B/3158